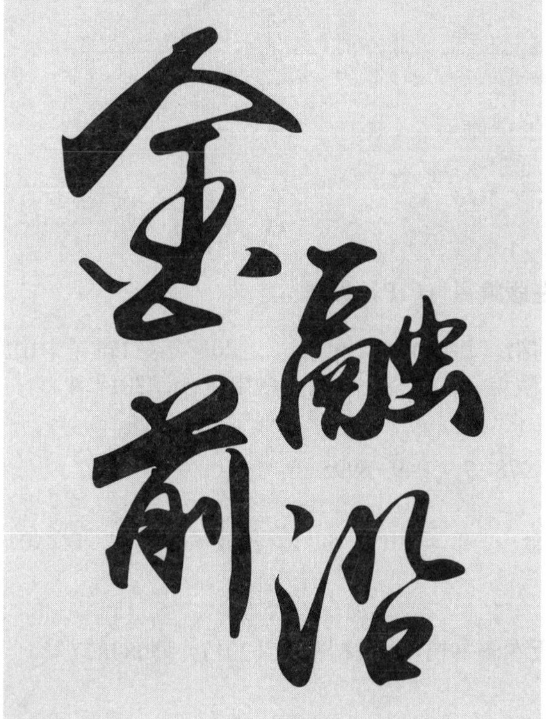

金融前沿

Frontiers of Finance

（2017年第1辑）

 中山大学高级金融研究院

中国金融出版社

责任编辑：何　为　孙　玥
责任校对：孙　蕊
责任印制：丁淮宾

图书在版编目（CIP）数据

金融前沿（Jinrong Qianyan）. 2017年第1辑／中山大学高级金融研究院编. —北京：中国金融出版社，2017.4

ISBN 978-7-5049-8995-6

Ⅰ. ①金…　Ⅱ. ①中…　Ⅲ. ①金融学—文集　Ⅳ. ①F830-53

中国版本图书馆CIP数据核字（2017）第089877号

出版发行　中国金融出版社

社址　北京市丰台区益泽路2号
市场开发部　（010）63266347，63805472，63439533（传真）
网 上 书 店　http：//www.chinafph.com
（010）63286832，63365686（传真）
读者服务部　（010）66070833，62568380
邮编　100071
经销　新华书店
印刷　北京市松源印刷有限公司
尺寸　175毫米×250毫米
印张　7
字数　110千
版次　2017年4月第1版
印次　2017年4月第1次印刷
定价　35.00元
ISBN 978-7-5049-8995-6

序

在《金融前沿》付梓之际，我作为中山大学高级金融研究院名誉院长倍感高兴！

生活中时时皆金融，处处皆金融。金融学是一门源于生活的学科。从电子商务到外汇理财，从有形无形的商品买卖到消费者选择的倾向……每个经济活动背后都遵循着一定的金融法则。在经济发展的澎湃浪潮下，对金融知识的渴望，已不仅限于专业相关的专家学者。“互联网+”、通货膨胀、人民币贬值等，这些金融理论已成为群众茶余饭后的谈资。

生活在嬗变，时代在变革。金融始终是一个经久不衰的话题。

放眼全球，近十年发生的重大金融事件，如美国次贷危机，冰岛濒临破产，世界经济衰退等反映了金融市场残酷的优胜劣汰机制。一场金融海啸引起世界经济格局的改变，足以吸引我们良久的探索。金融这种神秘与不确定性，牵动着太多人的心绪。

虽说人人皆谈金融，但并非人人了解金融。全球化浪潮下，中国金融市场发展方兴未艾，机遇与挑战并存。中山大学高级金融研究院此时推出《金融前沿》，正是推动中国金融科学发展与国际金融经验相结合的选择，顺应时代发展潮流之举。

此次为《金融前沿》作序，我想抛弃华而不实的华丽辞藻，以一名普通金融人的立场和责任感，谈谈对《金融前沿》的期待与祈盼。

严谨治学。我认为，把稿件的质量与水平看做出版物的命脉一点也不为过。《金融前沿》汇聚了国内外金融学科特别是交叉学科的顶尖作者，是中山大学高级金融学院的形象代言，更是学校与外界沟通的载体之一。编者既要兼容并蓄，也要精益求精，秉承严谨、客观的态度，保证稿件的整体高标准水平，同时不错过任何一份优质稿件。

培育金融精英的摇篮。中山大学高级金融研究院应当要把《金融前沿》打造成学术界公认的金融学权威出版物，广邀国内外专家、学者共同开拓金融学新领域，责无旁贷地培育、发掘金融界的新生力量。《金融前沿》鼓励金融创新，愿意给予学术新人更多的机会，运用多种研究方法开展理论研究。这是金融人之间的惺惺相惜，这是学术大家应有的风范。

与时俱进。《金融前沿》的核心议题要始终贴近国家当前热点时政。习近平总书记在党的十八届五中全会中强调“一带一路”建设是“扩大开放的重大战略举措和经济外交的顶层设计”，“是今后一个时期要重点拓展的发展新空间”。《金融前沿》作为一份具有实用性、政策引导性的出版物，应把握最前沿的政策与第一手的资讯，关注“一带一路”金融业发展的现在与未来，使之不仅满足读者的多元要求，更能为国家乃至国际金融发展添砖加瓦。

在我看来，在这个越来越多人摒弃纸质阅读的时代，中山大学高级金融研究院仍坚持做一本自己的出版物，意义重大。“众人拾柴火焰高”，《金融前沿》需要细心呵护与精心浇灌。我们欢迎广大读者提出宝贵意见，踊跃惠赐稿件。期待在不久的将来，《金融前沿》成为一本拥有国际视野和专业水准的权威专著，立足国内，放眼国际，为金融市场的改革创新与发展繁荣，献出一份微薄的力量，在金融市场的肥沃土壤中根植大地，枝繁叶茂。

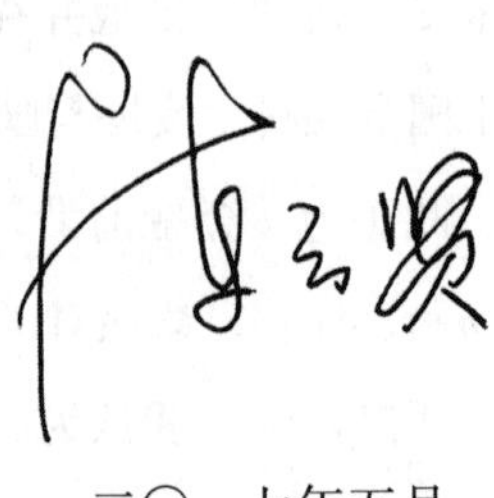

二〇一七年五月

目　录

2017 年第 1 辑

contents

英美欧金融监管体系比较与借鉴

●陈云贤*

一、美国金融监管从分业到混业之路

1933年，美国颁布《格拉斯—斯蒂格尔法案》，确定金融监管四大原则：（1）商业银行与投资银行分业经营、分业管理；（2）禁止银行直接从事证券和国债的承销与自营交易业务；（3）禁止投资银行开展吸收存款业务；（4）禁止美联储的附属机构及其关联银行开展证券业务。与此同时，成立联邦储备保险公司（FDIC）等相关金融监管机构成立。

1999年，美国颁布《格雷姆—里奇—比利雷法案》，废除了银行业与证券业分业经营、分业管理的《格拉斯—斯蒂格尔法案》，允许金融机构通过建立下属控股公司（Financial Holding Company, FHC），参与全方位的银行、证券承销与自营业务，以及保险业务。

2010年，美国颁布《多德—弗兰克华尔街改革与消费者保护法案》（以下简称《多德—弗兰克法案》），从政府监管机构设置、系统性风险防范、金融细分行业及其产品、消费者保护、危机处理等方面全面加强金融监控，是美国在1923—1933年大萧条之后的最大兼容监管变革法案。其主要内容有：（1）设立新的联邦监管机构——金融稳定监督委员会（FSOC）。有权向金融机构采集信息，向美联储和其他监管机

*陈云贤，中山大学高级金融研究院名誉院长，经济学博士、教授。

构提出审慎标准相关建议等。（2）扩大美联储监管范围。赋予美联储制定对监管机构符合审慎原则的监管标准，允许美联储监管金融机构间的证券产品支付、清算、结算事项。（3）实施“沃尔克”规则。将商业银行投资对冲基金和私募股权基金的规模限制在基金所有者权益和银行一级资本的3%以内等。（4）扩充联邦存款保险公司（FDIC）作用。（5）关闭储蓄管理局。将其功能移交美联储、货币管理署（OCC）和存款保险公司（FDIC）。（6）强化证券交易委员会（SEC）对证券公司、上市公司和信用评估机构的监管职能。建立私募基金备案制度。在SEC下新设投资者律师局、投资者咨询委员会和信用评级局。（7）赋予商品期货交易委员会对衍生产品和掉期等交易更多的监管权力。（8）成立财政部管辖的联邦保险局。在联邦层面监管由原各州自行监管为基础的保险行业等。从而促使完整的金融监管体系有效运作，识别和防范系统性的金融风险，及时处置可能发生的紧急风险与事件，保持金融市场稳定（见图1）。

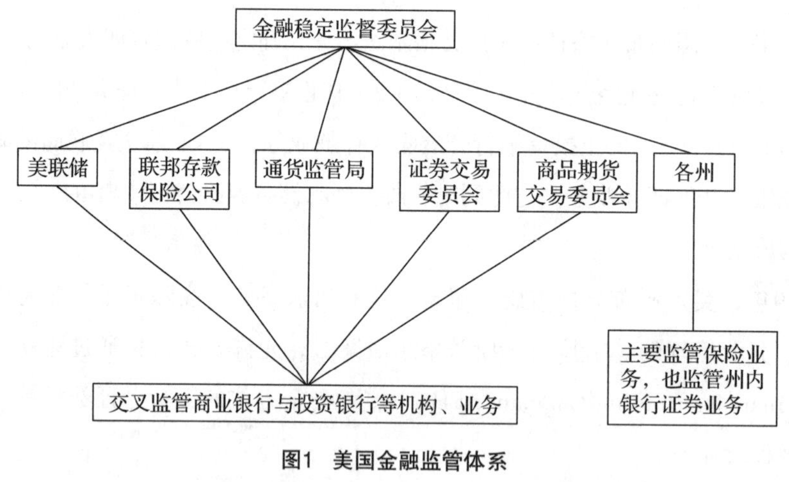

图1　美国金融监管体系

二、英国金融监管从完全的“自我管制”到央行干预、混业经营再到分业经营、分业监管之路

1979年，颁布第一部英国银行法案，限定了吸收公众存款的机构需要审批执照。

1987年，颁布的银行法案增加了英格兰银行监管条款，包括有权审查银行股东，有权对银行高管展开调查等。

1998年与2000年先后颁布了《英格兰银行法案》和《金融服务和市场法案》。前者赋予了英格兰银行货币政策的决策权，一则围绕政府的通胀目标设定利率，二则监管储蓄资金流向。后者确定了混业经营、混业监管规则，并将担保和保险业务也纳入了监管范围，以确保金融系统稳定，保护投资者利益和打击金融犯罪等。

2012年，英国颁布《金融服务法案》（*Financial Service Bill*）。内容主要涉及（1）在2019年完成实施银行业与证券业分业管理；（2）确保储蓄人在银行破产时获取优先赔偿；（3）政府有权保护银行处置亏损；（4）建议对分业后的银行设置更高的资本充足率标准。

英国监管体系主要由英格兰银行、金融政策委员会、审慎监管局和金融行为监管局四个主体组成。（1）英格兰银行（Bank of England）。通过法律形式赋予英格兰银行央行权力；实行理事会制度；制定和实施央行货币政策，微观审慎和宏观审慎监管，以及金融市场基础设施监管等。（2）金融政策委员会（Financial Policy Committee）。设在英格兰银行内，由13人组成（6人来自英格兰银行，5人来自独立专家，1人来自金融行为管理局，1人来自财政部）。初始目标是负责审视金融系统可能的风险，并为专职监管机构提供策略方向；其次目标是拥有使用宏观审慎工具（比如限制银行杠杆率、强制不同的类型资产的资本需求等）权力抵冲金融系统风险，支撑政府经济策略；终止目标是对区别、监控、防范系统性金融风险采取行动总负责。金融政策委员会能引导和责成审慎监管局和金融行为监管局采取措施减轻风险；能对央行的流动性事项提出建议，并有权查视支付系统、结算系统和清算公司；能对财政部提出调整行业资本需求等建议。重心集中在解决威胁金融稳定性的关键问题和实施宏观审慎政策的潜在障碍问题。（3）审慎监管局（Prudential Regulation Authority）。由英格兰银行下属法人机构组成。重点对银行业和保险业审慎政策实施情况进行监督管理，判断其是否健康运行，评估其现在和未来的可能风险，尤其对涉及金融系统性稳定和对客户可能导致最大风险的银行和保险机构或者事项采取防范措施。（4）金融行为监管局（Financial Conduct Authority）。属独立监管机构。主管由财政部任命。向财政部和议会负责。监管以资本市场为主的各类金融机构（包括咨询公司）的经营行为。其职责主要为有效监管资本市场活动；调节利益冲突；有序处置客户资产；维护市场信用，反对市场欺诈，防范系统风险和金融犯罪；客户利益至上；防止倾销，保护零售消费者利益；促进有效竞争。主要措施有：审批或取消公执照；个人禁入；暂停公司或个人承销资格；对公司或个人实施罚款；对违法竞争法律的公司进行惩处；规则执行前提示公众知情；向法院申请破产秩序；罚惩金融犯罪、内幕交易等；对网络违规等公司或个人发出警告等。其目的在于保护投资者权益，维护金融稳定，促进有效竞争（见图2）。

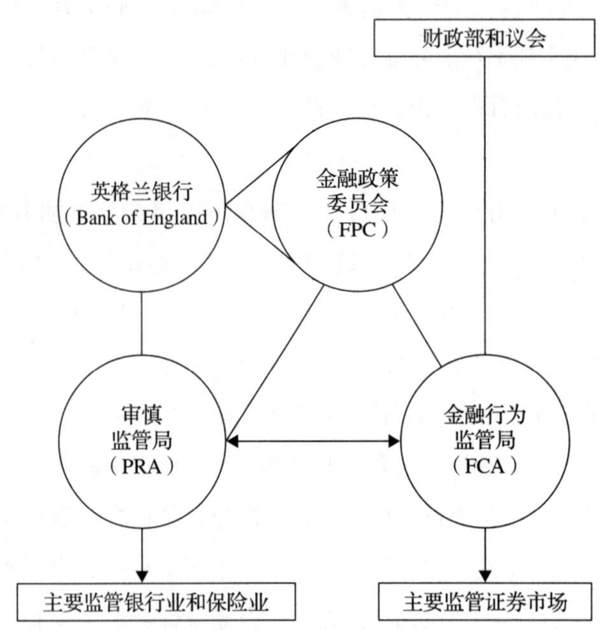

图2　英国金融监管体系

三、欧盟金融监管由混业监管走向分业监管之路

欧盟金融监管体系（2012年）分为宏观审慎监管与微观审慎监管两部分（见图3）。

宏观审慎监管由欧盟系统风险理事会负责。（1）它由欧盟央行、欧盟各国央行、欧盟监管局和欧盟委员会组成；（2）欧盟央行行长担任欧盟系统风险理事会主席；（3）宏观审慎监管职能主要由欧盟央行执行，欧盟央行除实施央行货币政策等职能外，还于2015年建立专一监管机构，127支联合监管队伍对欧盟央行负责，针对127家大商银行进行“一对一”监管；（4）欧盟系统风险理事会决定防范和减轻系统性金融风险事宜，并负责对内（比如其他监管机构）和对外（比如国际货币基金组织）的协调与合作。

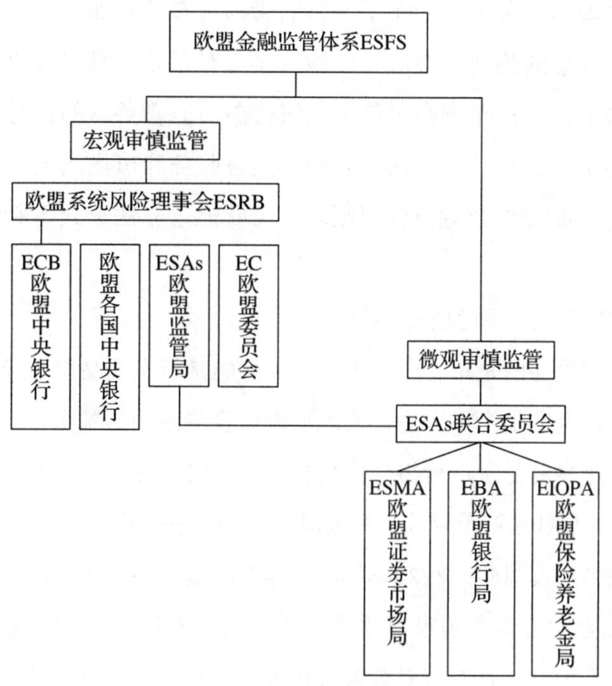

图3 欧盟金融监管体系

微观审慎监管由欧盟监管局联合委员会负责。（1）该联合委员会主席由欧盟系统风险理事会副主席担任；（2）欧盟监管局下设证券市场局、银行局和保险养老金局三部分；（3）欧盟证券市场局负责监管证券市场业务；欧盟银行局通过欧盟各国监管主体对各国中小商业银行实施监管；欧盟保险养老金局负责监管保险业务和退休养老基金投资管理业务。

四、美英欧金融监管比较

比较美英欧金融监管体系的演变与发展现状，主要有以下几个共同点。

1. 金融监管立法变革呈主旋律

经历了1929—1933年世界经济大危机后，美国颁布了金融分业经营分业管理根本大法《格拉斯—斯蒂格尔法案》；面对20世纪80年代、90年代国际金融业的激烈竞争，美国颁布了重新混业经营管理的《格雷姆—里奇—比利雷法案》；面对2007年、

2008年世界金融海啸，美国又颁布了严格监管的《多德—弗兰克法案》。在始终贯穿“自我管制”理念的英国金融市场，1979年颁布了第一部对吸收公众存款机构非常有限的监管法案；1987年颁布了英格兰银行参与监管条款的银行法案；1998年与2000年先后颁布了《英格兰银行法案》和《金融服务和市场法案》。欧盟2012年、2015年通过立法不断完善金融监管规则。英美欧通过立法形式不断推进金融监管体系改革完善。

2. 构建宏微观审慎并重的监管协调机制

微观审慎监管关注的是单个金融机构，考察的是资本充足率、流动性、不良贷款率等微观指标，防范的是个体风险；宏观审慎监管关注的是整个金融体系及其与实体经济的关联度，考察的是资产价格、信贷总量及机构杠杆率等宏观指标，监管重心在于整个金融市场及那些系统重要性金融机构（SIFIS）和“影子银行”（Shadow Bank）体系，防范的是系统性风险。在2008年的国际金融危机后，英美欧法案都在深化微观审慎监管的基础上，力倡宏观审慎监管，并促其二者有机结合。美国2010年设立了“金融稳定监督委员会”，有权对金融机构采集信息，向美联储和其他主要金融监管机构就提高审慎标准提出建议；英国2012年设立了“金融政策委员会”，有权对审慎监管和行为监管提出意见和采取措施。同时，英国还专项设置了“审慎监管局”，着手实施宏微观审慎监管。欧盟金融监管体系直接划分为宏观审慎监管和微观审慎监管二大部分，推动宏微观审慎监管并重。

3. 强化对金融消费者权益保护

比较英美欧金融监管体系的演变与发展现状，其主要区别点是：

（1）美国由分业走向混业，英国与欧盟从混业走向分业。美国1933年开始金融业分业经营分业管理；20世纪90年代重新走回混业经营的状态，监管体系（可能是历史与现实形成的结果）采取“多头并立”，呈现监管重叠又监管真空；2010年《多德—弗兰克法案》赋予新成立的“金融稳定监督委员会”（FSOC）拥有协调和促进各监管机构信息共享等的特别权限，但其并未对机构在监管上的推诿或竞合作出实质性的整合，它呈现的是一条“危机导向”、“补丁升级”之路。英国2012年《金融服务法案》明确规定，2019年完成银行业与证券业的分业管理。并已在监管框架上形成了“审慎监管局”和“金融行为监管局”以分别监管银行业和证券业。英国从几次危机处置中走出了自己的金融风险防范之路。欧盟2012年开始也在实施分业监管的路径和办法。

（2）2012年的英国《金融服务法案》监管框架明晰。英国由一个金融市场“自我管制”的国家，逐步走上法治监管健全的国家。在20世纪90年代先后经历了BCCI（The Bank of Credit and Commerce International）和巴林银行（Barings）倒闭事件，以及在2008年金融海啸中经历了苏格兰皇家银行（The Royal Bank of Scotland）等危机事件后，英国最终把加强宏观审慎监管与分业监管摆在了防范金融风险的首要地位，并用明晰的金融监管框架确定下来，这将为英国进一步巩固与提升全球金融市场地位奠定了法律基础。欧盟的金融监管框架也逐渐明晰。而美国历史和现实存在的“多头并立”的监管体制，的确更多的是体现出一种“危机导向”、“补丁升级”的监管体系。

比较英美欧金融监管体系的演变和发展现状，对我国的主要启示是：

（1）建议成立国家金融稳定监督委员会。为应对可能再次发生的系统性金融危机，美国于2010年成立了“金融稳定监督委员会”（FSOC），英国于2012年成立了“金融政策委员会”（FPC），欧盟于2012年成立了“欧盟系统风险理事会”（ESRB），代表政府统筹协调金融监管机构、政策措施、信息共享、危机处置等事宜。如果成立这种机构，是放在国务院下单独设置（例如美国）还是放在央行系统内设置（例如英国），并不重要。关键的是对其功能定位的确定和班子成员的组成结构。例如英国FPC由13人组成，6人来自央行[①]，1人来自证券监管局，1人来自财政部，5人来自独立专家。功能的确定和班子的结构比例决定了其协调、政策、处置问题的导向。

（2）在法律条款、账户、清算结算基础设施上确保银行业与证券业分业管理。这就是说，在技术上，应设立银行业与证券业之间的“防火墙”，从根本上有效防范系统性金融风险；而在行政监管机构上，银行、证券、保险三个行业监管者并存或三者合一，或银行保险由央行监管、证券业由行业监管者单独监管，可根据其人事安排的需要来确定一步走还是分步走，都不影响金融“防火墙”的作用问题。技术屏障是关键，机构变动只是个成本与效率的问题。证券业及其衍生产品尚欠宏观审慎与微观审慎监管标准，实实在在需要行之有效的技术上的金融“防火墙”。对已存在的金融混业集团，应监管其内部从制度到技术上实施分业经营、分业管理的措施；对新产生

[①] 英国央行除制定货币政策等外，已实质监管银行业和保险业。

的金融业务，应迅速界定其性质，有效地归属到分业经营、分业管理的技术（即账户、清算结算体系）框架上来。中国金融发展的路径应该是规划下促竞争，稳定中求发展。

（3）应提升与完善中国人民银行作为宏观审慎监管者的主体地位。加强宏观审慎监管措施，开发各种宏观审慎监管工具，制定各种宏观审慎监管规则，确定宏微观审慎并重的监督管理理念，防范和处置金融市场风险。从微观审慎监管到宏观审慎监管，到二者并重推进，是迈入成熟金融市场的一个重要路径。

（4）对大型金融机构可采取“一对一”的监管措施。即采取类似欧盟的措施，排查确定存在的127家重要金融机构后，专门成立127支联合监管工作队，实施“一对一”专责监管，实施问责制，并对上级监管主体负责。只要能够不断完善相关措施，“一对一”监管大型重要金融机构将有利于相关规则的实施，并把金融行业风险或者系统性风险遏制在萌芽状态。

互联网大数据与资本市场研究综述

●李广众 叶敏健*

摘 要 大数据时代下，金融领域发生了巨大的变化。本文总结了资本市场相关研究中互联网大数据的来源及分析手段，同时对这些互联网大数据在资本市场领域的研究成果进行了综述，并针对目前学术界的研究方向提出了些许建议。

关键词 互联网大数据；金融学；资本市场

一、前言

这是一个信息爆炸的时代，也是一个被数字淹没的世界。据国际数据公司（IDC）的研究显示，全球数据量预计在2020年达到35ZB①，且将保持每2年翻一番的趋势增长，这意味着我们将进入“大数据”时代。与此同时，“大数据”一词在商业应用层面和学术研究领域也反复被提及。世界经济论坛②将“大数据”称为新型资产类别，Rotella在《福布斯》杂志中更是将“大数据”比喻为“新石油”③。学术界对于“大数

* 李广众，经济学博士，金融学博士，中山大学管理学院副院长，教授，博士生导师；叶敏健，中山大学管理学院金融学专业博士生。

① ZB 是一个计算机术语，即十万亿亿字节，我们平时常用的 KB 为千字节。

② World Economic Forum: Unlocking the value of personal data: From collection to usage. 2013.

③ Rotella, P. (2012, April 2). Is data the new oil? Forbes.

据”的研究也日渐火热。图1统计了2010—2015年以“大数据”为主题的文章在CNKI数据库和Web of Science数据库的发表情况。我们可以直观地看到学术界对“大数据”的研究日益重视，关于“大数据”的学术研究在近3年呈井喷的态势。2012年奥巴马政府推出的“大数据研究和发展倡议”[①]（Big Data research and development initiative）和联合国“GlobalPulse”针对大数据发布的专题报告[②]均表明大数据研究已成为现代社会发展进程中极其重要的一环。

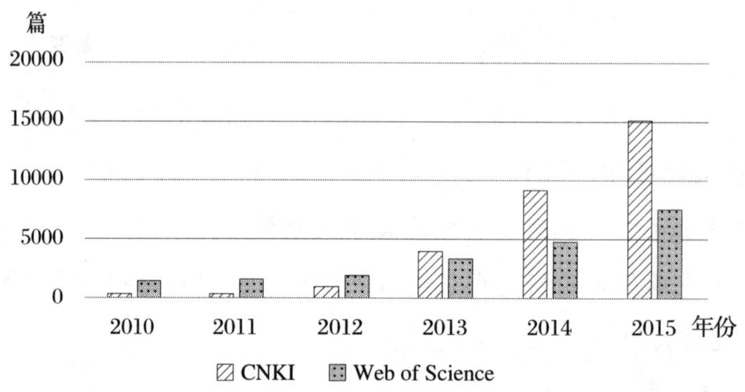

图1 2010—2015年刊登的以“大数据”为主题的论文数量

大数据在金融领域的应用获得了快速发展并得到社会各界的高度重视。国内最早的大数据指数产品是银河定投宝中证腾安指数。紧随其后的是广发、南方、博时三家基金公司。它们相继与互联网大数据资源所有者百度、新浪、阿里巴巴合作开发了大数据指数，分别成立了广发百发100指数A、南方大数据100、南方大数据300A和博时中证淘金大数据100A基金[③]。截至2016年10月，目前市场上以大数据命名的基金已有19只，规模合计约150亿元资金[④]。其中的佼佼者大成中证360“互联网+大数据”100指数基金在2016年度新发偏股型基金中排名第二，第二季度以来大数据基金排名第一、全市场偏股型基金进入前十，最高累计取得25.6%的收益，这个成绩不仅令已购买的基民

[①] Obama administration unveils “Big data” initiative: Announces $200 million in new R&D investments. http://www.whitehouse.gov/sites/default/files/microsites/ostp/big_data_press_release_final_2_pdf, 2012.

[②] UN Global Pulse. Big data for development: Challenges & opportunities, 2012.

[③] http://finance.sina.com.cn/money/fund/jjpl/2015-12-31/doc-ifxncyar6085226.shtml.

[④] http://fund.eastmoney.com/data/fundsearch.html?spm=search&key=%E5%A4%A7%E6%95%B0%E6%8D%AE#key%E5%A4%A7%E6%95%B0%E6%8D%AE.

为之雀跃，也让大数据在金融业内侧目[①]。

那么，在资本市场相关学术研究中，大数据应该如何应用？要回答这一问题，我们首先应该明确的是大数据在哪里，谁拥有大数据。目前来看，大数据主要掌握在众多互联网企业和公众服务部门。图2中列示了几个数据资源相对丰富的组织或部门。然而，考虑到数据的可得性，大部分金融领域对大数据的研究主要集中于网络社交平台和搜索引擎大数据。因此，本文以论坛类、微博和搜索引擎类大数据研究中与资本市场相关的研究为综述对象，并从数据的角度出发，重点综述：（1）资本市场相关研究中的大数据指标及分析技术手段；（2）大数据指标在资本市场相关领域中的研究成果。本文将在第二部分和第三部分分别对以上两个方面进行综述，并在第四部分给出对未来研究方向的建议。

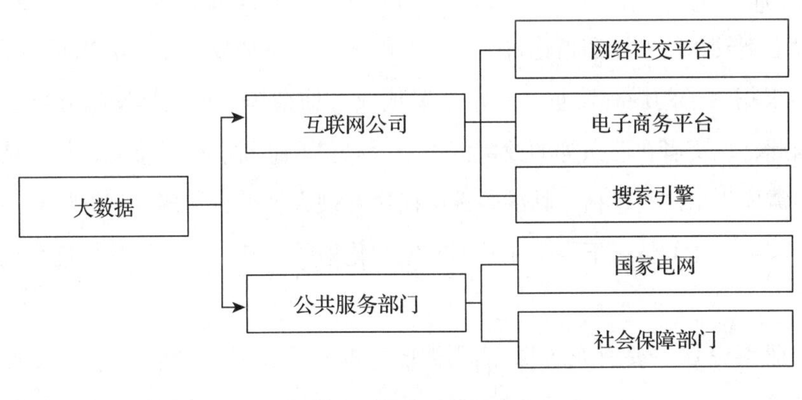

图2　大数据分布说明

二、资本市场相关的互联网大数据

在没有网络的时代，观测投资者的投资行为与决策过程是非常困难的。投资者关注的信息有哪些、对市场的看法如何等都难以直接被测算。随着信息技术和互联网的普及，越来越多的投资者通过网络进行信息收集和分析，这些投资决策行为通过鼠标点击和键盘输入在虚拟的网络中留下了大量非结构化的信息。2012年中的平均每一分

[①] http://funds.hexun.com/2016-10-31/186671597.html.

钟内Google需要处理200万次搜索请求，而Twitter上的用户在这一分钟内发布了大约10万条Tweet（James，2012）。这类数据日积月累下逐渐成为资本市场相关研究中大数据的基础来源。

具体地，我们可以将这些资本市场相关的主要互联网大数据研究分为论坛类数据、微博类数据和搜索类数据。由于各类大数据的结构差异较为明显，我们将根据大数据类型分别进行介绍和分析。

（一）论坛类数据

论坛为互联网用户提供了一个跨越时空和地域的交流平台。在论坛的同一板块下，投资者可以与来自天南海北的其他投资者进行交流。股票论坛一般根据不同的股票分为不同板块，投资者们可以在感兴趣的股票对应的板块中讨论交流。在论坛网站中，一般最新发布的帖子和讨论最为激烈的帖子会被自动放置在板块首页。板块管理人员也会根据帖子的内容质量，将帖子置顶或者加精华（可从精华帖分块中迅速找出）。因此，投资者在感兴趣的股票板块中可以获取最新、相对重要且相对高质量的信息。但需要指出的是，精华帖的筛选由模块管理人员进行筛选，可能带有一定的主观性。在有限关注的情况下，个体并不能定制化地关注某一主题信息，且交流的时效性较差。

中文股票论坛主要有东方财富网股吧、和讯网股吧、爱股吧、淘股吧等。在目前的研究中，中文论坛主要选取东方财富网股吧为研究数据来源，如Ackert et al.（2016）、Huang et al.（2016）、郑瑶等（2015）、沈艺峰等（2013）、董大勇和肖作平（2011）和南晓莉（2015）等研究。究其原因，主要可能是由于：第一，东方财富网股吧热度在中文股吧类别中长期排名第一[①]，用户活跃，积累数据量大；第二，东方财富网股吧公开数据留存时间较长，以格力电器为例，东方财富网中数据留存最早可追溯到2007年8月29日。和讯网股吧仅可追溯近3个月的数据；第三，东方财富网股吧信息更为丰富，如Huang et al.(2016)、董大勇和肖作平（2011）的研究中需识别发帖者所在地域，仅东方财富网股吧可提供相对丰富的此类数据。

[①] 根据站长之家（http://top.chinaz.com/）的统计，东方财富网股吧热度总排名远高于其他股吧。

从基础数据指标看，目前研究中主要选取的基础数据可大致分为数量类指标和内容类指标。数量类指标主要有发帖数、点击数量、转发次数和参与讨论投资者人数等指标（Ackert et al.，2016；沈艺峰等，2013；郑瑶等，2015；蒋翠清等，2015；Huang et al.，2016；董大勇和肖作平，2011）。同时，大多数文献也会通过文本分析对帖子的信息内容进行判断，构建内容类指标。主要的内容类指标有反对指数和支持指数意见分歧度（Antweile and Frank，2004；Zhang and Swanson，2010；Sabhrwal et al.，2011；南晓莉，2015）。在对网络信息交流与股市“羊群效应”的研究中，郑瑶等（2015）选取日发帖总数的自然对数作为信息交流量的代理变量。

在涨/跌情绪指标的构建上，目前主要有人工分类和机器学习两种文本分类方法。基于中文论坛的研究大多采用人工分类附以简单编程分类的办法（沈艺峰等，2013；Ackert et al.，2016；南晓莉，2015）。沈艺峰等（2013）在研究网络舆论对定向增发的影响时，利用网络爬虫技术采集了含有“增发”字样的帖子。然后从样本中随机抽取3000条帖子进行手工分类。并将3000条出现的如“反对”、“失败”、“圈钱”等26个词视为反对倾向。最后用程序识别帖子是否含有反对词汇，进一步将帖子分为反对类帖子和支持类帖子，计算各自占总帖数的比重构建反对指数和支持指数以衡量网络舆论倾向。在沈艺峰等（2013）的基础上，南晓莉（2015）通过计算反对指数与支持指数的平方差额构建了意见分歧度变量。Ackert et al.（2016）也是由人工设定看涨/看跌关键词，再编程识别帖子的涨/跌情绪，从而构建涨/跌情绪倾向指标。

英文类论坛的研究则更多是依靠机器学习或帖子标签进行文本情绪判断。Antweiler和 Frank(2004) 采集了Finance! Yahoo和Raging Bull论坛中45只股票对应板块的帖子信息，利用朴素贝叶斯算法（Naive Bayes Method）对文本情绪进行分类，并在此基础上构建分歧度指标。Sabhrwal et al.（2011）则选取TheLion.com论坛中的帖子数据，利用朴素贝叶斯算法（Naive Bayes Method），构建情绪指数和分歧度指数。Leung和Ton（2015）抓取了Hot Copper论坛超过2000只股票的帖子信息，利用朴素贝叶斯算法进行文本涨/跌情绪分类，并构建了分歧度指数。除了朴素贝叶斯算法，也有学者采用最大熵算法（Maximum Entropy method）进行文本分类。Zhang和Swanson（2010）采集了Yahoo Finance中30家美国上市公司对应模块下的帖子数据后，借助最大熵模型（Maximum Entropy ）进行文本分类，构建帖子的涨/跌情绪指标。此外，也有部分学者考虑到发贴者个人的信用水平会影响其他投资者对帖子内容的信赖程度，从而使帖子在整体涨/跌情绪指标中的权重并不一样，因此使用信用加权平均而非简单加权平均的方法构建总体涨/跌情绪倾向指标可能更为合适。Sabhrwal et al.（2011）利用TheLion.com论坛独有的用户信用数据构建信用加权的总体涨/跌情绪指标。Gu et al.（2006）则依据发帖者过去的预测准确度计算发帖者的信用得分，从而获得信用加权的总体涨/跌情绪倾向指标。部分数据源（如Yahoo Finance）在2004年后允许发帖者在发帖时披露自身的涨/跌看法，因此也有学者直接利用自我披露的涨/跌情绪倾向标签进行文本分类（Kim and Kim，2014）。

此外，部分股票论坛独有的数据为特定的领域研究提供了恰当的情景。中文股票论坛东方财富网独有的发帖人IP地址数据为“家乡偏误”类研究提供了合适的情景。在证券信息交流“家乡偏误”研究中，董大勇和肖作平（2011）利用股票论坛中发帖人的IP地址识别信息交流参与人所属地域，采用参与某股票吧讨论的本省投资者数量与另一股票吧讨论的投资者数量的比值衡量某股票的本地交流比例，并以类似的方法构建了某股票两省间的异地交流比例。Huang et al.（2016）也利用东方财富网股吧的IP数据，构建投资者关注的“家乡偏误”定量指标，该指标更为直接地衡量了信息交流中“家乡偏误”的大小。投资者在Hot Copper论坛发帖若不符合规范，则可能被管理员修正，并在帖子下方公布修正的原因。基于这一特点，Delort et al.（2011）将修正原因中出现与操纵股价有关的关键词的帖子定义为股价操纵帖，并用事件研究法对股价操纵（pump and dump）进行分析。

（二）微博类数据

不论从数据结构还是从信息流通方式看，微博类数据均不同于论坛类数据。从数据结构看，微博并不存在特定板块讨论相关股票，因此在进行研究时，如何确定样本也会对研究结论产生一定的影响。另外，从信息流通方式看，微博类信息的流通速度比论坛类信息更快，其裂变式的传播模式相对于论坛类内聚式的传播更加高效。而在投资者有限关注的语境下，微博的关注分类模式和推送机制可以更为有效地过滤无关信息，提高投资者接受信息的效率。目前国内的微博平台主要有新浪微博和腾讯微博，国外则主要是推特（Twitter）。在资本市场相关研究中，学者们基本都选取新浪微博作为中文微博类数据来源，而英文类则以Twitter为主。

基础数据方面，实证研究中选取的数量类指标主要有微博发布次数、转发次数、评论次数等（Mao et al.，2012；Sul et al.，2016；Ruiz et al.，2012；徐巍和陈冬华，2016；程琬芸和林杰，2013）。内容类指标则主要是特定关键词出现次数、情绪指数（Bollen et al.，2011a；Bollen et al.，2011b；Bartov et al.，2015；徐巍和陈冬华，2016；Sprenger et al.，2014a；程琬芸和林杰，2013）。也有部分学者根据微博数据中包含的大量用户—粉丝关系数据，构建社交网络类指标（Yang et al.，2015；Ruiz et al.，2012）。

在基于新浪微博大数据的研究中，徐巍和陈冬华（2016）借助网页搜索技术采集了上市公司官方微博的全部内容，根据104个关键词将微博分为披露类微博和非披露类微博，再基于关键词将上市公司在官方微博上披露的信息分为业务类、财务类、研发类和声誉类四类，并用一天中上市公司进行微博披露的次数作为该公司的披露强度，用微博披露中关键词出现的次数衡量微博披露的信息含量。考虑到微博中也含有较多的无关信息，徐巍和陈冬华（2016）还计算了当天发布的全部微博数减去微博披露数以衡量微博中的噪音。程琬芸和林杰（2013）则选取了5个与时事新闻或财经证券市场相关的认证媒体机构的微博发布数据和评论数据作为样本数据来源。借助情感分析技术，程琬芸等（2013）定量计算了词语层、句子层和帖子层的涨跌情绪值，进而合成了每日投资者涨跌情绪指数。也有学者利用事件研究法，分析上市公司开通新浪微博前后股票市场表现的变化（Jin et al.，2016）。

基于Twitter大数据的研究中，除Mao et al.（2012）从个股层面、行业层面和指数层面研究发帖数量与股市的相关性外，更多的学者也将研究重点放在情绪指标上。Sprenger et al.（2014b）采集了上市公司相关的Twitter数据，并采用朴素贝叶斯（Naive Bayes）算法进行文本涨/跌情绪分类。并构建整体日度情绪指标。而Sul et al.（2016）则采集了与上市公司相关的Tweet信息，利用词性分析法，借助Harvard-IV字典对文本内容进行涨跌情绪判断，构建日度情绪指标。考虑到不同方法可能对代理变量产生较大的影响，Bartov et al. (2015)则利用增强朴素贝叶斯模型（enhanced Naive Bayes）、Harvard-IV字典与Loughran和McDonald（2011）词性清单构建了4个情绪倾向指标进行分析。而Zhang（2011）则采集了Twitter中的发帖数、粉丝数、转发数等信息后，并提取"hope"和"fear"相关的词汇每日出现频率作为市场情绪指标。

部分学者深入挖掘微博数据中的关系类数据，对社交网络变量进行研究。Ruiz et al.（2012）在其研究中收集了两大类数据，第一类数据主要有帖子条数，转发数量等，第二类则是基于社交网络的连接分支（connected component），中心度分布等关于社交网络的统计数据。Yang et al.（2015）也采集了Twitter中用户个人信息数据以及用户与粉丝的关系数据，并利用这些数据构建了Twitter中的金融社交网络结构。

（三）搜索类数据

百度搜索和Google搜索分别是目前主流的中英文搜索引擎。百度在国内有着最高的市场覆盖率，大多数投资者都通过百度搜索引擎搜索相关信息（张宜浩等，2014）。Google则在全球范围内的市场占有率远超其他同类产品，大多数针对美国市场的研究均采用Google趋势（www.google.cn/trends/）中的搜索数据作为研究样本。搜索类数据直接反映了用户获取信息的行为方式，并可通过关键词记录用户的信息需求内容。个体的搜索行为直接表达了用户的信息需求，而加总后的搜索行为则可以反映某个事件的关注程度或某类信息的需求程度。

搜索类基础数据主要是以搜索次数衡量的话题热度数据和以搜索结果衡量的信息含量数据。其中，百度并未公布搜索次数的原始数据，但百度基于原始数据借助大数据分析技术构建了媒体关注度和用户关注指数，大多数研究都采用这两种指数作为关注度指标。如刘锋等（2014）将用户关注度指数和媒体关注度的绝对值数据作为投资者和媒体关注度的代理变量。但张宜浩等（2014）指出关注指数的绝对值忽视了公司规模对关注度的影响，且相对于关注度绝对值的高低，其相对变动水平更值得关注。基于此，张宜浩等（2014）采用百度指数的相对值衡量搜索强度，并在此基础上进一步构建网络搜索强度正向变动率指标代理市场中投资者搜索行为的变动趋势。除搜索热度数据外，百度搜索的检索结果数据也十分有价值。大多数研究均聚焦于特定的网站平台进行数据采集，而百度的检索结果基本可反映几乎整个中文互联网的内容信息。在这一方向上，基于文本语义挖掘算法，张永杰等（2011）利用百度搜索关键词返回的检索结果“百度一下，找到相关网页X篇”，借助关键词选择、搜索引擎“高级搜索”应用、日期格式处理和数据清洗等技术构建了“可逐日连续观测变量”开源信息指标，据此研究了开源信息在资产定价方面的影响。

而在基于Google的研究中，Google同时公布了原始检索数据和经过标准化处理后的检索指数两种类型数据。因此在研究中可构建的指标类型更加多元化。Joseph et al.（2011）采集了标普500成分股的检索数据，直接定义经过标准化处理后的检索指数为投资者情绪指标。Da et al.（2011a）则在采集了罗素3000指数（Russell 3000）成分股的检索数据后，将检索次数原始数定义为检索量指数（Search Volume Indes），并基于该指标经过取对数、中位数调整等方式构建调整后的检索量指数，并以此衡量投资者关注度。Takeda（2014）则在采集日本市场上的Google检索数据后，进一步构建了3个检索强度指标（Search intensity）。也有部分学者考虑到检索量可能会存在“周末效应”和季节性变化（Da et al.，2015；Drake et al.，2012），因此在原始数据的基础上往往会剔除时间趋势。Drake et al.（2012）认为网络检索行为可以反映投资者对公共信息的需求程度。因此他们采集标普500指数成分股检索日度数据后，使检索量指标对时间虚拟变量进行回归，取其残差值构建各股票的异常检索量指标（abnormal search volume）衡量信息需求的变化情况。Da et al.（2015）利用Google搜索引擎，根据HarvardIV-4字典和Lasswell Value字典选取118个词汇作为检索关键词，获得原始检索数据，并在此基础上通过一阶差分、季节性趋势调整等方式构建FEARS（Financial and Economic Attitudes Revealed by Search）指数衡量市场情绪。

（四）互联网大数据的使用方法总结

从上文总结不难看出，市场情绪分析（sentiment analysis）在金融领域的影响是大数据研究中主要的研究方向（Sabhrwal et al.，2011；Antweiler and Frank，2004；Sprenger et al.，2014a；Bartov et al.，2015）。目前主流的情绪判断方法主要有构建词性清单、借助字典进行词性分析和机器学习的方法。

第一种方法主要是依据研究需要所采集的文本信息，筛选出大量情绪类关键词构建词性清单作为判断标准，然后以此词性清单对所有文本进行分类（徐巍和陈冬华，2016；沈艺峰等，2013；南晓莉，2015；Zhang，2011）。第二种方法则主要基于字典中的词性分类，提取相关的关键词，进而对采集文本进行分类判断（Bartov et al.，2015；Sul et al.，2016；Da et al.，2015）。在金融领域的研究中，参考的字典主要用这两种方法，其主要区别在于关键词的来源不同，前者来源于样本文本信息，后者来源于具体的字典以及基于字典开发的词性清单。第一种方法似乎更为主观，但考虑到语言上的巨大差异，中文语境下词语的词性在不同语境下并非完全一致的，基于样本人工筛选关键词的方法可能更加合适。第二种方法中选取的字典主要是HarvardIV-4（Da et al.，2011a）。然而在金融语境下，许多并不认为是负面词性的词汇却在HarvardIV-4中被认定为负面词性（Loughran and McDonald，2011）。因此Loughran和McDonald

（2011）开发了更适合金融研究的词性清单。但Sul et al.（2016）指出，Loughran和McDonald（2011）的词性清单更适用于正式的金融文件（如10K filings），Harvard-IV字典更适合用于通俗的微博类文本分析。

第三种机器学习的方法则是根据计算机算法对文本情绪进行分类。机器学习的主要步骤如下：（1）首先选取一定的文本作为语料训练集（training set）,并人工对其中的词汇进行分类；（2）通过计算机算法，如朴素贝叶斯模型（Naive Bayes），对训练集中的文本进行训练，建立文本分类的判断规则；（3）将判断规则应用到所有文本分类中。朴素贝叶斯算法是目前文本情绪分析中较为流行的训练算法（Sabhrwal et al.，2011；Antweiler and Frank，2004；Leung and Ton，2015）。Antweiler 和 Frank（2004）通过简单对比发现，算法分类的准确度要高于人工分类方法。除了朴素贝叶斯模型外，也有学者使用最大熵模型进行文本分类（Zhang and Swanson，2010）。

此外，在数据采集时，论坛类大数据中与股票信息相关的帖子往往是集中在同一板块中的，因此在进行数据采集时对于帖子和股票对应关系的确定相对简单。而由于微博类大数据和搜索类大数据并没有特定的界限划分各个股票数据，微博类数据和搜索类数据在这方面则相对更加复杂。在采集搜索数据时，学者们需通过股票关键词对各个股票对应的数据进行采集。搜索数据的准确性与检索关键词息息相关。可供学者们选择的关键词有股票代码、公司名称和公司主要产品名称（Da et al.，2011a；Da et al.，2011b），在实证研究时应结合研究话题特征，谨慎选择关键词。需要注意的是，部分股票代码或公司名称往往和其他事物关键词一样，如我国的股票张家界、农产品等，这类关键词的检索数据往往包含了更多其他的信息，在采集数据时应予以剔除（Da et al.，2011a）。而在采集股票相关的微博类大数据时，同样需要采取恰当的检索规则进行文本筛选，以确保检索内容为对于股票相关信息。在关于Twitter的研究中，Sprenger et al.（2014a）根据标签（hashtag）内容对文本信息进行采集，Sul et al.（2016）则以“$”符号加上股票简称作为检索标准。

三、互联网大数据在资本市场中的应用

（一）互联网大数据与股票市场表现

互联网改变了信息传递的方式以及投资者对信息的处理模式（Barber and Odean，

2001； Moat et al.，2014）。论坛、微博和搜索引擎大数据在现阶段主要应用于对股票市场表现的影响研究中。许多学者认为，基于互联网大数据构建的情绪指标、分歧度指标和关注度指标等对股票收益率、成交量和波动性等变量均有影响，互联网大数据中提取的信息可以在一定程度上解释股票市场表现（Wysocki，1998；Sprenger et al.，2014b；Alanyali et al.，2013；Bordino et al.，2012；Gloor et al.，2009）。

个股层面，最初Wysocki（1998）的研究发现，夜间股票相关帖子发布数量与成交量相关。基于雅虎金融（Yahoo Finance）和愤怒的公牛（Raging Bull）的发帖数据，Antweiler和 Frank(2004)研究表明，帖子信息能够帮助预测股票波动性和股票收益率，但收益率经济意义不显著。此外，涨/跌情绪分歧越大，股票交易量越大。Sprenger etal.（2014b）研究表明Tweet中包含的情绪与股票收益率显著相关，同时每日微博数量越多，股票成交量越大，微博涨跌情绪分歧度与股票波动性也显著相关。张永杰等（2011）利用百度搜索关键字词所返回的网页数量作为社交媒体信息含量的度量指标，对社交媒体信息和资产定价进行分析，发现社交媒体中富含影响股票异常收益率的有效信息。Vlastakis和Markellos（2012）也发现，Google检索量与市场成交量和波动率均显著正相关，且当投资者风险厌恶程度变高时，Google检索量上升。Ruiz et al.（2012）研究表明，基于微博“用户—粉丝”关系构建的社交网络中的连接分支和交互图中的节点数量与成交量和股票价格显著相关。而与成交量的相关性要强于与股价的相关性，但基于股价相关性开发的交易策略仍优于基础交易策略。张宜浩等（2014）的实证研究发现投资者网络搜索强度对股票短期收益率、短期交易量及累积收益率均有影响，并且相较于传统的投资者情绪和投资者关注变量，投资者网络搜索对股票市场的解释力及预测效力更强。沈艺峰等（2013）遭到网络舆论反对的增发公司，其定向增发公告后的股票超额收益率显著为负。Da et al.（2011a）发现，检索量增加往往意味着未来2周内股价的上涨以及年内的价格反转。中国股票市场同样也存在类似的反转效应（俞庆进和张兵，2012；张继德等，2014）。也有学者还分析了其与IPO溢价之间的联系。Da et al.（2011a）发现IPO前检索量上升则股票上市首日涨幅更大。宋双杰等（2011）基于Google趋势数据的研究也发现，IPO前个股网络搜索量对于市场热销程度、首日超额收益和长期表现有更好的解释力和预测力，它可以解释首日超额收益的23%,长期累积收益率的10%以上,结果均十分显著。南晓莉（2015）的实证研究结果也表明股票网络论坛讨论意见分歧与 IPO 溢价存在显著的正相关关系。

在指数层面，Zhang（2011）研究表明，微博情绪词汇比例与道琼斯指数、纳斯达克指数和标普500指数均显著负相关，但与恐惧指数（VIX）显著正相关。Bollen et al.（2011b）的研究发现，加入情绪类指标可显著改善对道琼斯指数的预测效果。对道琼斯指数每日涨跌方向判断准确度为86.7%，且平均绝对百分比误差降低6%。Da et al.（2015）研究表明，基于Google检索数据构建的FEARS指数（Financial and Economic Attitudes Revealed by Search）能够预测短期收益率走向、波动率变化以及共同基金的资金流向。他们发现，在模型中加入Twitter数据提升了模型对标普500指数预测的准确性。程琬芸和林杰（2013）研究结果表明，社交媒体的投资者涨跌情绪指数与证券市场指数收益、成交量之间均存在正相关关系，证券市场指数的收益、成交量对社交媒体的投资者涨跌情绪指数的影响持续时间超过40个交易日。Mao et al.（2012）则综合分析互联网大数据与股票市场多个层面的行为特征，从个股层面、行业层面和指数层面分析Twitter发贴数量与股市的相关性。他们的研究表明，Twitter有助于预测股票市场，尤其是在指数层面上。

然而，部分实证研究结果表明互联网大数据对股票市场并不具有预测效果。Kim和Kim(2014)研究表明，论坛帖子中的涨/跌情绪并不能预测股票未来收益率、波动性和交易量。Tumarkin和Whitelaw（2001）研究表明，他们的研究发现论坛帖子信息并不能预测收益率和超额交易量，支持了有效市场假说。赵龙凯等（2013）也发现，虽然百度搜索强度与股票收益率存在正相关性，但关注度变化率并不是显著的风险因子,百度搜索强度不会系统地影响股票的收益率。

除互联网大数据对股票市场表现的影响之外，研究表明股票市场表现同样会影响互联网中投资者的行为特征。Kim和Kim(2014)发现投资者帖子中的情绪会受到股票过去表现的影响。张宜浩等（2014）也指出股票市场能影响网络搜索，但网络搜索可以在更大程度上影响并预测股票市场的表现，网络搜索与股票收益间存在的内生性问题对预测效果的影响很小。

也有学者认为，互联网大数据对于股票市场的预测效果会受到其他因素的影响。许多学者都讨论了关于投资者信息权重比例与预测效果的关系。Gu et al.（2006）研究表明，信用加权的论坛推荐信息可以预测股票超额收益，而简单加权的推荐信息则没有预测能力。Yang et al.（2015）发现Twitter社交网络结构中基于关键节点（critical nodes）加权的情绪指标对金融市场的预测效果要比普通情绪指标更好。Zhang et al.（2016）将被新浪微博邀请且获得认证的财经用户界定为“名人”。借助事件研究法分析发现，名人所发的微博可以显著预测股票收益率，而普通人的微博则没有预测能力，名人的微博中包含了更多的未来公共信息和此时的私有信息，而普通人微博则更多是陈旧的信息，这说明普通人的角色定位更倾向于是信息接受者而非信息提供者。然而，也有学者发现，并非影响力越大的投资者发布的信息预测效果越好。Sul et al.（2016）研究发现，粉丝较多的用户发布的Tweet无法预测股票收益率，而粉丝较少的用户发布的Tweet则对未来的股票收益率有显著影响。对此，他们认为是由于前者的信息迅速反应在股票价格当中，所以无法预测。在针对转发量的分析中，这一理由也得到了支持。他们发现，转发较多的信息相对于转发较少的信息预测效力更差。基于上述发现构造的交易策略能够达到11%～15%的年化收益率。部分学者根据互联网大数据在地域识别方面的优势，将家乡偏误引入预测效果的研究中。董大勇和肖作平（2011）发现证券信息交流中存在“家乡偏误”现象，股票论坛中投资者以更大的概率参与本地股票信息的交流。信息交流“家乡偏误”对股票价格有显著影响，信息交流的本地投资者比例越大，股票价格越高。Huang et al.（2016）也利用东方财富网股吧的IP数据，构建投资者关注的“家乡偏误”定量指标。这一篇的指标构建与董大勇(2011)相比，更加精细。他们的研究结果表明，投资者关注“家乡偏误”的情况在不发达地区更加严重，市值规模、转手率、证券名称均会影响投资者关注的“家乡偏误”水平。Ackert et al.（2016）的研究表明，意见领袖的建议更具有投资价值，并且他们更加关注“家乡”企业且在这方面的预测更加准确。

还有部分学者认为套利难易程度、公司被关注程度、事件类型和披露环境等因素也会影响互联网大数据对股票市场表现的预测效果。Joseph et al.（2011）采集了标普500成分股的检索数据，定义检索强度为投资者情绪指标。他们的研究发现，检索强度能够稳定预测股票周收益率和成交量，且收益率与检索量的关系会受到套利难易程度的影响。Blankespoor et al.（2014）发现，对于相对不受市场关注的公司来说，通过Twitter发布信息确实可以降低信息不对称程度，信息传播程度与公司股票流动性呈正相关。Sprenger et al.（2014a）的研究也表明，好消息的事前股票收益率要比坏消息的事前股票收益率更高，且在不同事件类型中新闻事件对股市的影响显著不同。南晓莉（2015）发现小盘股、盈利能力弱、承销商能力低的小公司股票，其 IPO 溢价更容易受到股票论坛投资者意见分歧的影响。徐巍和陈冬华（2016）实证结果表明，微博披露会带来当日公司股票的超额回报和超额交易量显著增加，其程度不仅受到披露强度、披露信息密度的影响，也受到微博中噪声信息的干扰。此外，当微博对已公告信息进行传播时，相对于没有微博传播的公告会有更强的市场反应。进一步，微博披露对受关注较少的公司影响更大，对个人投资者的交易行为影响更为显著。

（二）互联网大数据与资本市场其他相关研究

部分研究者也对股票市场表现之外的领域展开了研究。研究发现，互联网大数据对公司业绩情况也具有预测效果。Da et al.（2011b）发现，基于公司主要产品的搜索强度能够预测上市公司的盈利情况，并在产品较少的企业和成长型企业预测效果更显著。Bartov et al.（2015）的研究也表明，总体情绪指标能够预测公司季度盈利水平，且能够预测季度盈利数据公布后的股票超额收益，预测效果对信息环境较差的公司更突出。沈艺峰等（2013）发现，网络负面舆论越高的公司，增发实施之后，公司业绩下降的概率也越大。也有学者就互联网大数据对监管机制的影响进行研究。如沈艺峰等（2013）的实证研究表明，遭到网络舆论反对的增发公司，其后该定向增发预案通过相关部门审核的概率也显著下降，但网络负面舆论对于定向增发预案通过股东大会的概率不产生显著影响。此外，针对羊群效应的研究表明，网络信息交流减弱了即期和次日的股市羊群效应发现，股市羊群效应与网络信息交流存在动态交互作用，网络信息交流能减弱股市羊群效应、抑制羊群行为的持续扩散，提高市场效率（郑瑶等，2013）。

四、未来研究方向与建议

通过上述总结，我们认为互联网大数据与资本市场相关的研究已取得了一定的成果，但是在数据采集、分析手段以及研究所涉及领域的方面仍有改进和提升的空间。目前在互联网大数据与资本市场相关的研究中，主要采集了论坛类、微博类和搜索类的大数据。从数据采集角度看，大部分文献采集的样本为代表性样本，如各种指数的成分股股票和特定的科技企业股票，而并非是严格意义上的全样本研究。数据来源大多也是单一某个平台，较少有文献综合采集多个平台数据进行研究分析。在数据采集和信息聚合方面若有更大突破将会使整个基于大数据的研究受益。受限于许多平台数据回溯时间较短的问题，许多研究的时间跨度往往较短，且研究结论他人可重复难度较高，不利于在同一基准下对某一方面问题展开多角度研究。这一问题只能寄希望于各大数据源企业通过恰当的方式建立专门用于研究的数据库予以解决，目前Twitter已正式授权并建立GNIP数据库以供研究（Bartov et al.，2015），其他论坛类和微博类平台尚未建立专门的数据库。此外，大部分研究的样本均是作者团队通过编程采集而来。像微博类大数据和搜索类大数据在最初的样本采集阶段就面临着噪声干扰问题。如何将那些比较模糊的相关信息也正确识别并采集,将是样本采集算法未来继续研究的方向（Godbole et al.，2007）。如果有专门的数据库通过统一的技术手段建立适用于研究的大数据平台，无疑能够使得大数据研究的样本更具有可比性。

从数据分析手段看，目前研究中使用的分析方法仍然相对简单，在准确度上还有改善空间。以文本分析技术为例，Koppel和Shtrimberg（2006）发现通过机器学习的算法，样本内分类准确度可达到70.3%,样本外准确度则为65.9%。整体上通过机器学习的方法进行文本情绪判断已经能够实现较高的准确度，但更高的准确度更有利于剔除研究中噪声的干扰，保证结论的稳定性（Nardo et al.，2016）。尤其是中文类大数据的文本分析研究，在资本市场相关领域中还是主要依赖于人工主观判断识别，多数文章选取的关键词还存在差别，这对结论的稳定性造成了一定程度上的干扰。许多高效的文本语义挖掘算法已经逐步进入金融研究领域，如多分类器筛选算法（different classifier algorithms coupled together by a voting theme）（Das and Chen，2007）、支持向量机（De et al.，2008）和五阶段过滤法（five-stage filtering）（Bettman et al.，2010）等。

现阶段关于互联网大数据的研究主要集中在其对股票市场表现的预测效果上，较少有学者就互联网大数据对公司行为的影响进行讨论。大数据时代下，我们不仅可以用互联网大数据预测股票市场表现，同时也可预测公司自身的业绩水平（Da et al.，2011b）。沈艺峰等（2013）的研究表明，大数据能够预测公司未来的业绩下降概率。Bravo et al.（2015）则发现，总体情绪指标能够预测公司的季度盈利水平。同时，也有文献基于互联网大数据研究其对监管机制的影响（沈艺峰等，2013）。现代社会中，公司管理层也处于被海量信息包围的环境当中，公司的资本结构决策以及治理机制等公司行为是否也会受到这些互联网大数据的影响呢？其中的关系还有待学者们进一步的研究。

参考文献

[1] 程琬芸，林杰 . 社交媒体的投资者涨跌情绪与证券市场指数 [J]. 管理科学，2013(5):111−119.

[2] 董大勇 , 肖作平 . 证券信息交流家乡偏误及其对股票价格的影响：来自股票论坛的证据 [J]. 管理世界，2011(1):52−61+188.

[3] 蒋翠清，梁坤，丁勇，刘士喜，刘尧 . 基于社会媒体的股票行为预测 [J]. 中国管理科学，2015(1):17−24.

[4] 刘锋，叶强，李一军 . 媒体关注与投资者关注对股票收益的交互作用 : 基于中国金融股的实证研究 [J]. 管理科学学报，2014, 17(1):72−85.

[5] 南晓莉 . 新媒体时代网络投资者意见分歧对 IPO 溢价影响——基于股票论坛数据挖掘方法 [J]. 中国软科学，2015(10):155−165.

[6] 沈艺峰，杨晶，李培功 . 网络舆论的公司治理影响机制研究——基于定向增发的经验证据 [J]. 南开管理评论，2013(3):80−88.

[7] 宋双杰，曹晖，杨坤 . 投资者关注与 IPO 异象——来自网络搜索量的经验证据 [J]. 经济研究，2011(S1):145−155.

[8] 徐巍，陈冬华 . 自媒体披露的信息作用——来自新浪微博的实证证据 [J]. 金融研究，2016(3):157−173.

[9] 俞庆进，张兵 . 投资者有限关注与股票收益——以百度指数作为关注度的一项实证研究 [J]. 金融研究，2012(8):152−165.

[10] 张继德，廖微，张荣武 . 普通投资者关注对股市交易的量价影响——基于百度指数的实证研究 [J]. 会计研究，2014(8):52−59+97.

[11] 张谊浩，李元，苏中锋，张泽林 . 网络搜索能预测股票市场吗？ [J]. 金融研究，2014(2):193−206.

[12] 张永杰，张维，金曦，熊熊 . 互联网知道的更多么？——网络开源信息对资产定价的影响 [J]. 系统工程理论与实践，2011(4):577−586.

[13] 赵龙凯，陆子昱，王致远 . 众里寻“股”千百度——股票收益率与百度搜索量关系的实证探究 [J]. 金融研究，2013(4):183−195.

[14] 郑瑶，董大勇，朱宏泉 . 网络证券信息交流减弱股市羊群效应吗：基于中国证券市场的分析 [J]. 管理评论，2015(6):58−67.

[15]Ackert L F, Jiang L, Lee H S, et al. 2016. “Influential investors in online stock forums.” *International Review of Financial Analysis* 45:39−46.

[16]Alanyali M, Moat H S, Preis T. 2013. “Quantifying the relationship between financial news and the stock market.” Sci. Rep, 3:3578.

[17]Antweiler W, Frank M Z. 2004. “Is all that talk just noise? The information content of internet stock message boards.” *The Journal of Finance* 59(3):1259−1294.

[18]Barber B M, Odean T. 2001. “The internet and the investor.” *The Journal of Economic Perspectives* 15(1):41−54.

[19]Bartov E, Faurel L, Mohanram P S. 2015. “Can Twitter Help Predict Firm−Level Earnings and Stock Returns?.” Available at SSRN 2631421.

[20]Bettman J L, Hallett A G, Sault S. 2010. “Exploring the impact of electronic message board takeover rumors on the US equity market.” SSRN working paper.

[21]Blankespoor E, Miller G S, White H D. 2013. “The role of dissemination in market liquidity: Evidence from firms' use of Twitter™.” *The Accounting Review* 89(1):79−112.

[22]Bollen J, Mao H, Pepe A. 2011a. “Modeling public mood and emotion: Twitter sentiment and socio−economic phenomena.” ICWSM 11:450−453.

[23]Bollen J, Mao H, Zeng X. 2011b. “Twitter mood predicts the stock market.” *Journal of Computational Science* 2(1):1−8.

[24]Bordino I, Battiston S, Caldarelli G, et al. 2012. “Web search queries can predict stock market volumes.” PloS one 7(7):e40014.

[25]Choi H, Varian H. 2012. “Predicting the present with Google Trends.” *Economic Record* 88(s1):2−9.

[26]Da Z, Engelberg J, Gao P. 2011a. “In search of attention.” *The Journal of Finance* 66(5):1461−1499.

[27]Da Z, Engelberg J, Gao P. 2011b. “In search of fundamentals.” AFA 2012 Chicago Meetings Paper.

[28]Da Z, Engelberg J, Gao P. 2015 “The sum of all FEARS investor sentiment and asset prices.” *Review of Financial Studies* 28(1):1−32.

[29]Das S R, Chen M Y. 2007. “Yahoo! for Amazon: Sentiment extraction from small

talk on the web." *Management Science* 53(9):1375–1388.

[30]Das S, Mart í nez Jerez A, Tufano P. 2005. "eInformation: A clinical study of investor discussion and sentiment." *Financial Management* 34(3):103–137.

[31]De Choudhury M, Sundaram H, John A, et al. 2008. "Can blog communication dynamics be correlated with stock market activity?" *Proceedings of the nineteenth ACM conference on Hypertext and hypermedia*. ACM, 55–60.

[32]Delort J Y, Arunasalam B, Milosavljevic M, et al. 2009. "The Impact of Manipulation in Internet Stock Message Boards." *International Journal of Banking Accounting & Finance* 8.

[33]Drake M S, Roulstone D T, Thornock J R. 2012. "Investor information demand: Evidence from Google searches around earnings announcements." *Journal of Accounting Research* 50(4):1001–1040.

[34]Gloor P A, Krauss J, Nann S, et al. 2009. "Web science 2.0: Identifying trends through semantic social network analysis." *Computational Science and Engineering*. CSE'09. International Conference on. IEEE 4:215–222.

[35]Godbole N, Srinivasaiah M, Skiena S. 2007. "Large–Scale Sentiment Analysis for News and Blogs." ICWSM 7(21): 219–222.

[36]Gu B, Konana P, Liu A, et al. 2006. "Identifying information in stock message boards and its implications for stock market efficiency." *Workshop on Information Systems and Economics*, Los Angeles, CA.

[37]Huang Y, Qiu H, Wu Z. 2016. "Local bias in investor attention: Evidence from China's Internet stock message boards." *Journal of Empirical Finance* 38:338–354.

[38]James J. 2012. "Data never sleeps: How much data is generated every minute." Domo Blog 8.

[39]Jin X, Shen D, Zhang W. 2016. "Has microblogging changed stock market behavior? Evidence from China." *Physica A: Statistical Mechanics and its Applications* 452:151–156.

[40]Joseph K, Wintoki M B, Zhang Z. 2011. "Forecasting abnormal stock returns and trading volume using investor sentiment: Evidence from online search." *International Journal of Forecasting* 27(4):1116–1127.

[41]Kim S H, Kim D. 2014. "Investor sentiment from internet message postings and the

predictability of stock returns." *Journal of Economic Behavior & Organization* 107:708–729.

[42]Koppel M, Shtrimberg I. 2006. "Good news or bad news? let the market decide." *Computing attitude and affect in text: Theory and applications*. Springer Netherlands 297–301.

[43]Leung H, Ton T. 2015. "The impact of internet stock message boards on cross-sectional returns of small-capitalization stocks." *Journal of Banking & Finance* 55:37–55.

[44]Loughran T, McDonald B. 2011. "When is a liability not a liability? Textual analysis, dictionaries, and 10-Ks." *The Journal of Finance* 66(1):35–65.

[45]Mao Y, Wei W, Wang B, et al. 2012. "Correlating S&P 500 stocks with Twitter data." *Proceedings of the first ACM international workshop on hot topics on interdisciplinary social networks research. ACM*, 69–72.

[46]Moat H S, Preis T, Olivola C Y, et al. 2014. "Using big data to predict collective behavior in the real world." *Behavioral and Brain Sciences* 37(1):92–93.

[47]Nardo M, Petracco M, Naltsidis M. 2016. "Walking down wall street with a tablet: a survey of stock market predictions using the web." *Journal of Economic Surveys* 30(2): 356–369.

[48]Ruiz E J, Hristidis V, Castillo C, et al. 2012. "Correlating financial time series with micro-blogging activity." *Proceedings of the fifth ACM international conference on Web search and data mining*. ACM, 513–522.

[49]Sabherwal S, Sarkar S K, Zhang Y. 2011. "Do internet stock message boards influence trading? Evidence from heavily discussed stocks with no fundamental news." *Journal of Business Finance & Accounting* 38(9–10):1209–1237.

[50]Siganos A. 2013. "Google attention and target price run ups." *International Review of Financial Analysis* 29: 219–226.

[51]Sprenger T O, Sandner P G, Tumasjan A, et al. 2014a. "News or Noise? Using Twitter to Identify and Understand Company specific News Flow." *Journal of Business Finance & Accounting* 41(7–8):791–830.

[52]Sprenger T O, Tumasjan A, Sandner P G, et al. 2014b. "Tweets and trades: The information content of stock microblogs." *European Financial Management* 20(5):926–957.

[53]Sul H K, Dennis A R, Yuan L I. 2016. "Trading on Twitter: Using Social Media

Sentiment to Predict Stock Returns." *Decision Sciences*.

[54]Takeda F, Wakao T. 2014. "Google search intensity and its relationship with returns and trading volume of Japanese stocks." *Pacific–Basin Finance Journal* 27:1–18.

[55]Tumarkin R, Whitelaw R F. 2001. "News or noise? Internet postings and stock prices." *Financial Analysts Journal* 57(3):41–51.

[56]Vlastakis N, Markellos R N. 2012. "Information demand and stock market volatility." *Journal of Banking & Finance* 36(6): 1808–1821.

[57]Wysocki P D. 1998. "Cheap talk on the web: The determinants of postings on stock message boards." University of Michigan Business School Working Paper (98025).

[58]Yang S Y, Mo S Y K, Liu A. 2015. "Twitter financial community sentiment and its predictive relationship to stock market movement." *Quantitative Finance* 15(10):1637–1656.

[59]Zhang X, Fuehres H, Gloor P A. 2012. "Predicting asset value through twitter buzz." *Advances in Collective Intelligence 2011*. Springer Berlin Heidelberg 23–34.

[60]Zhang X, Fuehres H, Gloor P A. 2011. "Predicting stock market indicators through twitter 'I hope it is not as bad as I fear'." *Procedia–Social and Behavioral Sciences* 26:55–62.

[61]Zhang Y, An Y, Feng X, et al. 2016. "Celebrities and ordinaries in social networks: Who knows more information?" *Finance Research Letters*.

[62]Zhang Y, Swanson P E. 2010. "Are day traders bias free?—evidence from internet stock message boards." *Journal of Economics and Finance* 34(1):96–112.

不可能三角：中国货币政策能否独立*

●周天芸 刘 娇 李 杰**

摘 要 不可能三角理论假说一直是各国研究和检验的论题，本文基于汇率改革和金融危机的背景，利用1999年1月至2015年12月全国银行间隔夜拆借利率和美国联邦基金利率月度数据，运用ARDL边界检验法，分阶段检验中国利率与美国利率之间的长期协整关系，据此判断中国货币政策的独立性，进而验证不可能三角理论假说在中国是否成立。为了避免外部经济冲击引起的序列结构突变对结果产生影响，本文使用ZA和LS检验识别出中国利率可能存在的结构突变点，并据此构建相应的虚拟变量加入到模型中。实证结果表明，当汇率固定和限制资本流动时，中国的货币政策可以保持独立，但随着汇率浮动程度和资本账户开放程度的提高，中国的货币政策无法继续保持独立，从而证明了不可能三角理论假说在中国的不同阶段是成立的，且具有不同的表现形式。最后，本文使用七天回购利率进行稳健性检验，也得出了相同的结论。

关键词 不可能三角；货币政策独立性；ARDL−ECM边界检验法

* 本研究由中山大学高级金融研究院资助，陈云贤院长对本研究进行了指导和批示。

** 周天芸，中山大学国际金融学院、中山大学高级金融研究院教授，博导；刘娇，暨南大学产业经济研究院经济学研究生；李杰（通讯作者），暨南大学产业经济研究院，暨南大学产业组织与规制研究所教授，博导。

一、引言

不可能三角理论假说描述的是一个国家不可能同时实现资本自由流动、货币政策完全独立以及汇率固定这三个目标，即一国的中央银行面临着政策约束，最早是由克鲁格曼在蒙代尔—弗莱明模型的基础上，结合对亚洲金融危机的实证分析提出的。图1显示了不可能三角三个变量之间的关系。

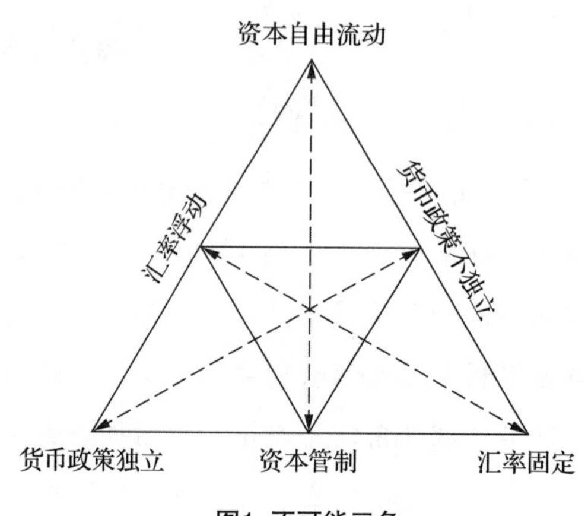

图1 不可能三角

自不可能三角理论提出以来，学者们从理论和实证方面对其进行研究，但并没有得出一致的结论，不可能三角理论始终是一个颇具争议的论题。有研究表明，新兴经济体有可能打破“不可能三角”，Fry(1988)、Reisent(1993)、Takagawa (2005)、Latifah (2005)、Umezaki (2007) 和Volz (2010)等文献都不同程度地证明了这个论断。但是这些文献研究的对象多是小国开放型经济体，中国作为世界第二大经济体有着自身的特殊性质，如经济持续高速增长、市场经济不发达等，已有的研究结论可能并不适用于中国。因此不可能三角在中国是否存在及能否被打破依然是一个未知的谜题。本文将中国这样的发展中大国作为研究对象，利用中国的特殊发展阶段去检验不可能三角理论假说，是对理论的一种丰富和扩展，具有一定的理论意义。

1999—2015年，中国的汇率制度、资本账户开放程度以及所处的世界经济环境发生了很大的变化，这些变化势必会影响不可能三角并约束其在中国的表现形式。1999—2005年汇率改革之前，中国实行的是盯住美元的固定汇率制度，随着对外贸易的发展，大规模的贸易顺差也使人民币面临着很大的升值压力，央行不得不通过增加外汇储备来维持汇率稳定，但是外汇占款的快速增长和基础货币投放量的增加使国内面临的通胀压力增大，为了缓解汇率和货币政策的矛盾冲突，中国不得不实行限制资本流动的政策措施。2005年7月汇率改革之后，中国开始实行有管理的浮动汇率制度，人民币持续升值，汇率和货币政策之间的矛盾有所缓解，虽然此时开始部分放开资本账户，有管理的浮动汇率制度和有限的资本管制仍有可能保证货币政策的完全独立。2008年全球金融危机爆发，相对稳定的国内金融市场吸引了大量的国际热钱流入，使得汇率稳定和货币政策独立之间的矛盾更加剧烈。从历史经验来看，不可能三角约束在中国似乎是存在的，且在不同阶段具有不同的表现形式，鉴于此，本文以2005年7月汇率改革和2008年8月金融危机爆发为时间点将样本分为三个阶段：汇改前（1999.1—2005.7）、汇改后金融危机前（2005.8—2008.8）和金融危机后（2008.9—2015.12），分阶段讨论不可能三角约束在中国是否存在及其具体的表现形式，这也是本文的创新点所在。本文的研究明确了不可能三角约束在中国是成立的，且厘清了不同阶段的表现形式，有助于政策制定者在制定决策时综合考虑各种宏观因素，将政策变动对经济产生的冲击降到最小，具有重大的现实意义。

二、文献综述

现有文献中，有关不可能三角理论假说的研究主要集中在以下几个方面：不可能三角约束是否存在；不可能三角的政策约束；不可能三角能否被打破；不可能三角与汇率制度选择。

有关不可能三角理论假说研究的实证方法：首先对不可能三角研究的实证方法进行回顾。现有文献中判断不可能三角约束是否存在有两种方法，第一种是在汇率制度和资本开放程度既定的情况下观察货币政策是否独立，Jansen（2008）利用国内产出或通货膨胀的预测误差的方差分解中由国内货币政策变动引起的比例变化来衡量货币政策的独立性。Obstfeld et al.（2005）、Khoon（2015）和胡再勇（2010）等通过研究一国利率是否与外国利率有一个长期的协整关系去判断货币政策的独立性，若有则说明货币政策非独立，且本国利率受外国利率的影响程度可以用来衡量本国货币政策的独立程度。也有基于外汇储备和基础货币量之间的长短期关系来度量货币政策的独立性（胡再勇，2010）。第二种实证方法是利用数据去检验资本流动性、汇率稳定性和货币政策独立性的线性程度，即检验三者的加权和是否为一个固定的常数，Han Jian et al.（2011）、Hutchison et al.（2010）、Aizenman（2013）、Ito、Steiner（2013）和Kawai（2014）等，通过构建一个线性模型，即用一个常数（1或2）对三个变量进行回归，如果回归的拟合程度好且三个变量的加权系数均显著为正，说明一个变量的增加会引起其他两个变量的加权和的下降，即三个变量之间是此消彼长的关系，证明不可能三角约束的存在。

不可能三角的存在性争议：国内外对于不可能三角的分析结论不一，部分研究认为一些新兴市场国家能够摆脱不可能三角约束，Reisen（1993）对东南亚国家的研究发现大规模的外汇冲销干预可以使得汇率固定、资本流动和货币政策独立三者共存。Frankel（1993）将世界看成一个平衡的投资组合，如果国内和国外的债券不是完美替代品，那么三个目标也可以同时实现。Steiner（2015）利用多个国家1970—2010年的面板数据，实证发现不可能三角中的三个变量的加权和是一个常数，当加入外汇储备这个变量时，三者的加权和上升，即外汇储备干预能够放松不可能三角的约束，且这一干预效果在新兴市场国家更明显。Fratzscher（2002）在资本可自由流动的经济背景下验证“可能两元”假说[①]，发现汇率制度从固定汇率制向浮动汇率制的转变并不能提高一国的货币政策独立性。Rose（1996）利用22个国家1967—1992年的面板数据探究资本流动和货币政策独立性以及两者的交互项对汇率波动的影响，发现货币政策越独立和资本流动性越高会增加汇率的波动性，但这个结果既不在统计学上显著也不在经济学上显著，因此得出的结论是三者可以共存，但是此结果依赖于资本流动性和货币政策独立性度量的准确性及具体的模型设定。胡再勇（2010）实证研究了2005年汇率改革前后我国汇率制度弹性、资本流动性和货币政策独立性的变化情况，发现相对于汇改前，汇改后中国的汇率制度弹性增强，资本流动性下降，利率政策的自主性增强，但货币数量政策的自主性下降，认为“三元悖论”在我国只是部分成立。同样认为不可能三角是不存在的研究还有Fry（1988）、Takagawa（2005）、Latifah（2005）等。

也有研究得出相反的结论，如Yu Hsing（2012）利用非线性函数去检验不可能三角假设，发现不可能三角虽然在印度尼西亚和泰国不存在，但在马来西亚、菲律宾和新加坡却是存在的。Frankel et al.（2004）研究一国汇率制度的选择是否会影响其货币

① “可能两元”假说，即在资本可自由流动的经济背景下，放弃汇率固定可以实现货币政策独立，放弃货币政策独立则可实现汇率的固定。

政策的独立性，发现在资本可自由流动的情况下，汇率浮动性强的国家的利率对外国利率变动的调整速度更慢，即能够保持较高程度的货币政策独立性，而那些实行固定汇率制度的国家则不能。Shambaugh（2005）发现相对于浮动汇率制度，固定汇率制度下一国的利率对基准国的利率变动联系更紧密。Obstfeld et al.（2005）利用“二战”期间的数据实证检验了两国利率之间是否存在长期的水平关系，并依此来衡量一国的货币政策是否独立。结果发现实行固定汇率制度的国家的利率受外国利率的影响比那些实施浮动汇率的国家更大，即在资本自由流动的情况下，实行固定汇率制度的国家会丧失更多的货币政策独立性。Aizenman（2013）基于50个国家36年的数据构建了不可能三角三个变量的指数，用1表示三个变量回归，发现用工业化国家数据进行的回归拟合程度非常好且三个变量的系数均显著为正，利用发展中国家数据的回归系数也显著但均值较小，同时三个变量的变化趋势图也说明了一个变量的增加会导致其他一个或两个变量的下降。Ito和Kawai（2014）利用亚洲国家数据构建新的指标体系，发现不管是在高收入国家还是低收入国家，三个变量的加权和均为2，证实了不可能三角约束的存在。利用单个国家的数据也得出相同的结论，Jansen（2008）实证分析了荷兰在进入荷兰盾—马克汇率目标区之后，其拥有的货币政策的独立性。实证结果表明，在资本自由流动的情况下允许汇率在一定范围内变动能使荷兰保持一定程度的货币政策独立性。Khoon（2015）分析了三个不同时段马来西亚利率受美国利率的影响程度，并据此来判断马来西亚货币政策的独立性。结果发现，在资本自由流动与实施有管理的浮动汇率的情况下马来西亚能够保持货币政策的独立性，而当实施固定汇率制度时，马来西亚只能保持一定程度的货币政策独立性。Yin-Wong Cheung et al.（2007）[①]利用实证分析了中国利率与美国利率之间的长期协整关系，发现在控制资本流动性不变的情况下，即使实行盯住美元的固定汇率制度，中国仍能采取一定的措施去保持货币政策的独立，例如公开市场操作和调整法定存款准备金。同样地，Han Jian et al.（2011）利用中国的数据研究发现不可能三角的三个变量的加权和为常数，证实了不可能三角在中国的存在性。Hutchison et al.（2010）利用印度的数据发现，不可能三角中一个指标的上升会伴随着其他两个指标加权和的下降，资本账户开放程度的提高会导致货币政策独立性的下降和以及汇率波动性的提高，货币政策独立性的下降能够使印度的汇率更

---

①其使用的数据为 2001 年到 2006 年中国银行间同业拆借 1 月利率和美国联邦基金 1 月利率，而本文使用的利率均为隔夜利率，更能反映货币政策的变动情况。

加稳定和资本账户更加开放，即发现不可能三角约束在印度是存在的。

不可能三角的政策约束：由于直观的政策含义，不可能三角更多的被当作是一种政策约束，即一国要想实现其中的两个目标，必须放弃实现第三个目标的政策。对于中国来说这种政策约束表现为汇率政策和货币政策的矛盾冲突，孙华妤（2004）利用蒙代尔—弗莱明模型和Dornbusch汇率超调模型的分析，发现浮动的汇率制度和完全资本控制并不能实现货币政策的独立性，在对外开放的大背景下中国的货币政策不可能实现完全独立，即中国面临着开放经济与货币政策独立的“两难选择”，而不是传统的“三难选择”。Goldstein和Lardy（2003，2006）的研究表明增大人民币的汇率浮动范围能够使中国拥有更多的货币政策独立性。Eichengreen（2003）认为为了避免由于央行货币政策的有效性和独立性缺失而使人民币受到投机性攻击从而引发货币危机，中国应该放弃盯住美元的固定汇率制度。但有的研究质疑不可能三角政策约束的存在性，孙华妤（2007）研究1998—2005年中国实行固定汇率制度期间货币政策独立性和有效性的发现，以利率调整为手段的货币政策并没有受到固定汇率制度的政策约束。Bordo和Flandreau（2003）认为即使在传统的金本位制下，一国仍能保持一定程度的货币政策独立性。Calvo和Reinhart （2000，2002）认为即使在浮动汇率制下也不能实现完全的货币政策独立性。Forssback和Oxelheim（2006）发现实行固定汇率制度和浮动汇率制度的国家的货币政策的独立性并没有显著差异。

不可能三角约束与汇率制度选择：不可能三角的研究在中国多与汇率制度的选择有关，易纲和汤弦(2001)对传统的不可能三角理论进行扩展并提出了扩展三角假说，通过构建由政府主导的汇率制度选择模型分析了中间汇率制度所能产生的负面影响，发现“角点汇率制度”是唯一稳定的可行汇率制度，为“汇率制度角点解假设”提供了理论基础。Hausmann et al.（1999）的研究发现本币在国际市场上的借债能力会影响一国的汇率制度选择，同时本币的借债能力也与货币政策依附程度和资本控制程度相关，因此沈国兵和史晋川（2002）在Hausmann et al.的研究基础上将本币借债能力引入不可能三角模型中，将其扩展成四面体假说，并依据此四面体假说预测汇率制度的选择将是多种汇率制度形式并存与相互转换的。余永定（2007）认为中国已经逐步实现了资本项目自由化，要保住货币政策的自主性，中国必须放弃固定汇率盯住制度。

综上所述，通过对文献的梳理，本文发现现有文献仍存在一些不足。首先，现有关于不可能三角理论假说的研究并没有得出一致的结论，有关这一问题的争议一直存在。其次，现有研究多是将世界各经济体划分为工业化国家、发展中国家、新兴市场国家进行整体分析，针对单个国家的研究还比较缺乏，虽然现有文献已经有有关印度、荷兰和马来西亚等单个国家的研究，但这些国家跟中国的经济发展情况、国际地位和基本国情都不同，用这些国家的数据研究得到的结论可能并不适用于中国。最后，国内有关不可能三角理论假说的研究主要集中在汇率制度的选择上，缺乏对货币政策独立性的研究，然而货币政策独立性对于我国经济非常重要，许多研究表明我国更应该关注的是货币政策的独立性。另外这些研究的时间大都在十几年前，其结论并不适用我国当前的国情，且没有考虑汇率制度和资本账户开放程度的变动，具有一定的局限性。

与已有文献相比，本文的创新点在于：第一，本文针对性地将中国作为大国开放的典型，检验不可能三角约束在中国的存在性及其具体表现形式。第二，为了更加准确地捕捉货币政策的变动，本文使用更高频的全国银行隔夜拆借利率和美国联邦基金利率月度数据，不同于现有文献所使用的年度和季度数据。第三，检验中国利率与美国利率的协整关系时，使用一种新的检验方法——ARDL边界检验法，而非传统的Johansaen检验和E-G两步法，且在单位根检验中考虑结构突变点，并通过在模型中加入相应的虚拟变量来控制外生经济冲击对结果的影响。第四，为了考察汇率改革和金融危机的影响，本文创新性的将样本分为三个阶段来分别考察不可能三角约束在中国的存在性及其表现形式。

三、数据和方法

1. 数据

本文所使用的数据为1999年1月到2015年12月中国银行间同业拆借隔夜利率(cdi)和美国联邦基金利率(usi)，在稳健性检验中，我们使用7天回购利率代替隔夜拆借利率。虽然最能够反映我国货币政策变动的应该是央行的再贴现率的调整，但由于中国的再贴现率的调整频率很低，数据的变化不大，不能准确、及时地反映货币政策的变动。上海银行间同业拆借利率正式公布的时间是2006年10月8日，而本文研究的时间范围是1999—2015年，为了保证数据的一致性，本文数据使用中国银行间隔夜拆借利率。本文的全国银行同业拆借利率的数据来源于中国人民银行网站，7天回购利率来自万得数据库，美国联邦基金利率来自美联储网站。图2显示了cdi和usi随时间变化的趋势，从图2可以大致判断，在第一、第二阶段，cdi和usi之间不存在协整关系，而在第三阶段则存在协整关系。

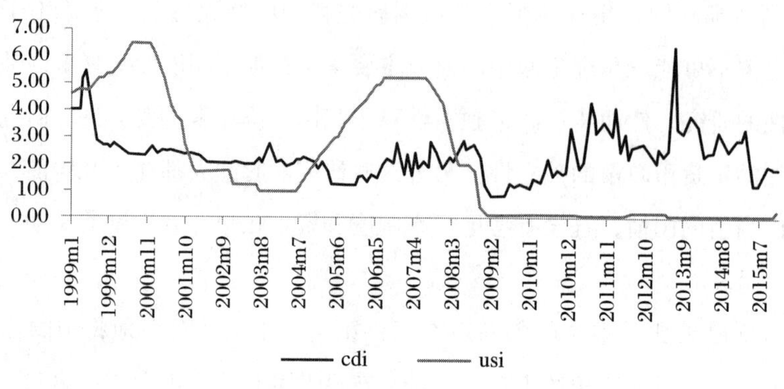

图2 cdi和usi随时间变化趋势

2. 单位根检验

时间序列数据容易受到外部随机因素的干扰而不平稳，直接使用非平稳的时间序列进行回归则可能出现伪相关的结果，因此在检验变量之间的长期协整关系之前，首先要对序列进行单位根检验，本文运用ADF检验、PP检验和DF-GLS检验，结果如表1所示。表1中单位根检验的结果表明，cdi和usi在第一、第三阶段是同阶单整的，而在第二阶段是非同阶单整的。

表1 单位根检验

	cdi			usi		
时间段	ADF	PP	DF-GLS	ADF	PP	DF-GLS
1999.1—2005.7	-2.5(6)	-2.10	1.40(2)	-1.13(1)	-0.95	-1.85(3)
2005.8—2008.8	-5.04(1)***	-5.07***	-5.13(0)***	-2.17(3)	-0.07	-1.53(2)
2008.9—2015.12	-3.46(0)**	-3.27**	-3.52(0)**	-3.46(0)**	-13.57***	-0.73
	dcdi			dusi		
1999.1—2005.7	-7.12(1)***	-6.26(1)***	-7.83(1)*	-3.45(0)***	-3.25***	-2.56(1)**
2005.8—2008.8	—	—	—	-2.54(0)	-2.48	-2.49(3)
2008.9—2015.12	—	—	—	-10.78(1)***	-21.03***	-2.22(1)

注：dcdi和dusi分别是cdi和usi的一阶差分形式。括号里的数字表示最优滞后阶数，最优滞后阶数是由Perron（1989）和Ng、Perron（1995）提出的“一般到特殊”方法确定的，最大滞后阶数由Schwert（1989）提出的公式 $[12\times(T/100)^{1/4}]$ 确定，T为样容量，三个阶段的样本容量分别为79、37和88。*、**和***分别表示在10%、5%和1%的显著性水平上显著。

Perron（1989）指出，单位根检验对于异常值非常敏感，当时间序列数据受到外在经济冲击(经济危机)而发生结构突变时，传统的单位根检验结果是不可信的，而单位根的检验结果对于后续的长期协整关系检验和短期误差修正机制的检验非常关键。由于本文所使用的关键变量——利率非常容易受外在经济冲击的影响，因此我们有必要对两个变量进行考虑结构突变的单位根检验，本文主要采用ZA检验（Zivot and Andrews，1992）和LS检验（Lee and Strazicich，2003）。

ZA检验是在允许序列有单个结构突变点的前提下检验序列是否存在单位根，由Zivot和Andrews在1992年提出，他们认为结构突变有三种形式：截距突变（Model A）、斜率突变（Model B）以及截距和斜率都有突变（Model C）。ZA检验的结果如表2所示。

表2 ZA检验

	Model A			Model B			Model C		
	K	Min t	TB	k	Min t	TB	k	Min t	TB
变量：cdi									
1999.1—2005.7	2	−3.03	2003.5	1	−6.85***	2000.1	1	−6.64***	2000.1
2005.8—2008.8	11	−3.76	2007.12	12	−3.96	2007.3	12	−3.95	2007.2
2008.9—2015.12	0	−5.42***	2010.12	0	−5.45***	2013.7	0	−5.85***	2011.5
变量：usi									
1999.1—2005.7	7	−3.56	2002.6	4	−3.64	2003.8	1	−2.55	2001.1
2005.8—2008.8	8	−0.45	2008.2	8	−4.69**	2007.5	9	−3.64	2007.6
2008.9—2015.12	2	−4.34	2011.3	2	−4.63**	2014.12	2	−4.57	2014.1

注：k为最优滞后阶数，其确定方式为Perron（1989）和 Ng and Perron（1995）提出的“general to specific”，依次剔除不显著的最后一个滞后项，选取最大滞后阶数为12。Min t为ZA统计量，是一系列t检验得到的最小t值。TB为结构突变点。*、**、和***分别表示在10%、5%和1%的显著性水平上显著。

但是ZA检验具有一定的缺陷，首先，拒绝原假设并不能明确得出序列是趋势平稳的结论，因为序列还有可能是存在结构突变点的非平稳序列。其次，ZA检验只允许序列有一个结构突变点，然而一个时间序列可能存在多个结构突变点，忽略一个或多个结构突变点会大大降低检验的有效性（Lee and Strazicich，2003）。因此，为了克服ZA检验的缺点，Lee和Strazicich提出了允许序列有多次内生结构突变的LM单位根检验。LM检验有两种形式，Model A和Model C. Sen（2003）、Lean和Smyth（2007）的研究都表明Model C比Model A的约束条件更少也更有效，因此本文只利用Model C（有一个结构突变点）和Model CC（有两个结构突变点）进行LS单位根检验，检验结果如表3所示。

表3 LS检验

	Model C					Model CC							
	K	TB	S_{t-1}	B_t	D_t	K	TB_1	TB_2	S_{t-1}	B_{1t}	B_{2t}	D_{1t}	D_{2t}
变量：cdi													
1999.1—2005.7	2	2000.9	−0.17	−0.08	0.13	10	2001.3	2004.2	−0.74	−0.20	−0.18	0.32**	0.27**
2005.8—2008.8	0	2008.3	−1.03**	0.05	−0.17	12	2007.8	2007.12	−8.33***	−1.15**	−0.54**	−0.41	1.24***
2009.9—2015.12	0	2010.11	−0.51**	0.71	0.50**	0	2011.5	2013.4	−0.63**	1.81***	0.18	0.26	0.58**
变量：usi													
1999.1—2005.7	10	2002.8	−0.23**	0.18	−0.45***	7	2001.7	2002.10	−0.20***	0.51***	−0.52***	−0.40***	0.07*
2005.8—2008.8	6	2007.2	−1.35**	0.19	−0.31***	7	2006.10	2006.12	−1.63***	−0.09	−0.55***	0.03	−0.70***
2008.9—2015.12	12	2011.9	−0.05	−0.01	0.03*	12	2011.7	2013.4	−0.05	0.04	−0.05*	0.01	−0.03

注：K为最优滞后阶数，其确定方式仍为“general to specific”，最大滞后阶数为12。TB为结构突变点，S_{t-1}为LM统计量，B_t为是否发生截距突变的虚拟变量，D_t为是否发生斜率突变的虚拟变量。Model C的临界值来自Lee和Strazicich（2004），Model CC的临界值来自Lee和Strazicich（2004），其他系数的t检验临界值参照标准t分布表。*、**和***分别表示在10%、5%和1%显著性水平上显著。

将表2、表3与表1对比，在考虑结构突变点之后的检验结果与传统的单位根检验结果不同。ZA和LS的检验结果均表明，cdi和usi在第一、第三阶段为非同阶单整序列，在第二阶段为同阶单整序列。

ZA检验的结构突变点为：2000.1、2007.3、2011.5、2013.7，LS检验的结构突变点为：2001.3、2004.2、2007.8、2011.5、2013.4。结合ZA和LS检验的结构突变点检验结果可知，第一阶段中cdi在2000年1月左右发生了斜率突变，这对应于1997年亚洲金融危机之后，国内消费投资不足，特别是2000年美国网络泡沫的破灭，国际经济放缓，国内需求也不足，导致国内利率的持续下降。第二阶段中cdi在2007年5月左右发生了斜率结构突变，这对应于2007年次贷危机的爆发，危机产生的金融海啸席卷全球，海外市场需求急剧萎缩，依赖出口的中国外向型经济受到重创，随之而来的投资需求不足导致了利率的下降。第三阶段中cdi在2011年5月和2013年7月左右都发生了斜率结构突变，金融危机后，为了增加投资，政府实施“四万亿投资”政策，导致严重的通货膨胀，为了抑制通胀，央行不得不上调利率。2013年5月颁布的《中国银监会关于规范商业银行理财业务投资运作有关问题的通知》使银行间同业拆借业务大规模增加，推高了同业拆借资金价格。依据结构突变点的位置构建虚拟变量，并将其加入到模型中以控制外在经济冲击对结果的影响。

3. ARDL边界检验法

单位根检验结果表明，本文所使用的关键变量——中国银行隔夜拆借利率（cdi）和美国联邦基金利率（usi）并不是同阶单整，传统的协整检验方法如EG两步法、Johansan协整检验法并不适用。本文将采用一种新的协整检验方法——ARDL边界检验法，它是由Pesaran et al.（2001）推广并完善的，该方法有以下几个优点：第一，对数据的平稳性没有严格限制，不要求变量是同阶单整的，即数据可以是I（0）和I（1），但单整阶数不能超过1，即数据不能为I（2）。第二，即使是小样本数据估计得到的检验结果也是稳健的，这一点对于本文非常重要，因为本文第二阶段的样本量仅为37。第三，当解释变量为内生变量时，ARDL也可以得到无偏且有效的估计。第四，根据ARDL模型可以推导出ECM模型，其中误差修正因子的系数代表了两者之间的短期关系，因此ARDL-ECM模型能够同时考察短期效应和长期效应。

ARDL边界检验的步骤是：第一步，构建ARDL-ECM模型，依据AIC、SBC准则[①]以及LM序列的相关检验统计量选取ECM模型的最优滞后阶数P，然后对系数进行联合显著性检验，用所得到的F值与Pesaran et al.（2001）和Narayan（2005）计算的临界值比较，如果大于上临界值则拒绝“不存在协整关系的原假设”，说明存在协整关系，小于下临界值则接受原假设，认为两者之间不存在长期协整关系，若落入上下临界值之间则不能判断是否存在协整关系。第二步，如果两者存在协整关系，则进一步估计ARDL模型和ECM模型，模型的最优滞后阶数也是依据AIC和SBC准则选定。估计出来的ecm（-1）的系数即为两者之间的短期关系，这也是本文判断中国货币政策独立性强弱的指标。

建立如下的ARDL模型：

$$cdi_t = \text{inpt}+d_j+\sum_{i=1}^{p} a_i\, cdi_{t-i}+\sum_{i=0}^{q} \beta_i\, usi_{t-i}+\varepsilon_t \tag{1}$$

相对应的ECM模型：

$$\Delta cdi_t = \text{inpt}+d_j+\sum_{i=1}^{p} a_i \Delta cdi_{t-i}+\sum_{i=0}^{q} \beta_i\, \Delta usi_{t-i}+\gamma_1\, cdi_{t-1}+\gamma_2\, usi_{t-1}+\varepsilon_t \tag{2}$$

① Microfit4.1 计算 AIC 和 SBC 的公式如下：$AIC_P=LL_P-s_P$，$SBC_P=LL_P-s_p/2lnT$，其中 LL_P 为极大似然估计量，s_P 为待估计系数的自由度，T 为样本容量，因此此时的 AIC 和 SBC 准则应该按照最大值标准来选取最优滞后阶数，而不是常用的最小值标准。

其中，Δ表示对变量进行一阶差分。d_j表示结构突变虚拟变量[①]，α_i和β_i代表长期动态关系，γ_1和γ_2代表短期动态关系，ε_t为白噪，p、q分别为两个变量的最优滞后阶数。误差修正模型看似非线性，但可以通过推导回到ARDL模型，因此仍是线性回归，可以用OLS估计。首先对式（2）中的变量进行充分滞后，最优滞后阶数即p和q则是依据AIC、SBC准则及LM自相关检验统计量来确定。由于本文使用的是月度数据，因此最大滞后阶数选为12，但是在实际操作中，由于样本量小，第一、第二阶段的最大滞后阶数只能为10和9。根据各滞后阶数得到的统计量如表4所示，以下过程通过Microfit4.1软件实现。

表4　协整关系检验最优滞后阶数的确定

1999.1—2005.7				
P	AIC	SBC	$\chi^2(1)$	$\chi^2(4)$
10	19.03	−6.50	0.50	4.56
9	20.92	−2.54	0.37	3.62
8	22.67	1.30	0.95	3.56
7	25.67	6.44	0.17	2.51
6	24.36	7.28	1.65	4.26
5	25.95	11.07	0.92	4.64
4	25.25	12.58	0.50	2.67
3	21.88	11.45	4.13**	4.48
2	−1.58	−9.74	1.11	12.85**
1	−6.56	−12.42	11.39***	13.48***
2005.8—2008.8				
9	−16.45	−30.06	2.19	11.13**
8	−20.93	−33.59	5.04**	25.13***
7	−20.42	−32.04	0.84	16.68***
6	−23.14	−33.65	2.04	14.63***
5	−24.32	−33.64	8.91***	10.76**
4	−22.34	−30.40	0.52	8.05*

[①]第一阶段j=1，d_1在2000年1月之前取值为0，之后取值为1。第二阶段j=2，d_2在2007年5月之前取值为0，之后取值为1。第三阶段j=3, 4，d_3在2011年5月之前取值为0，之后取值为1，d_4在2013年之前取值为0，之后取值为1。

续表

		2005.8—2008.8		
3	−21.99	−28.72	0.63	4.62
2	−20.22	−25.56	0.30	5.56
1	−20.22	−24.11	3.56*	5.26
		2008.9—2015.12		
12	−93.27	−125.71	5.48**	6.96
11	−92.88	−123.18	2.47	11.64**
10	−92.22	−120.30	1.69	13.12**
9	−92.28	−118.20	16.14***	19.12***
8	−90.99	−114.68	5.34**	15.16***
7	−90.55	−111.99	11.53***	13.10**
6	−89.16	−108.32	12.27***	13.18***
5	−88.43	−105.27	0.72	1.69
4	−88.91	−103.43	0.20	1.18
3	−89.88	−102.04	0.58	4.82
2	−91.48	−101.25	0.19	10.39**
1	−93.58	−100.95	2.44	8.21*

第一阶段，依据AIC准则应选择滞后5期，而依据SBC准则应选择滞后4期，当两个选择标准的结果不一致时，可以依据滞后1阶和4阶的序列相关LM统计量进行进一步判定，但是检验结果表明，滞后4阶和5阶均不存在显著序列相关问题，因此为了保险起见，我们同时选择滞后4阶和5阶进行下一步的协整关系检验。第二阶段，依据AIC准则应选取9阶为最优滞后阶数，而依据SBC准则应选择滞后1阶，此时观察1阶和4阶滞后LM统计量，发现除滞后2阶、3阶外都存在显著序列相关，为了避免选择过于武断，我们选择滞后2阶、3阶、4阶、6阶、7阶进行检验。第三阶段，依据AIC准则应选取5阶为最优滞后阶数，而依据SBC准则应选择滞后1阶，滞后1阶时的LM检验拒绝了“不存在序列相关”的原假设，因此我们选取5阶为最优滞后阶数。

确定了最优滞后阶数之后，检验变量之间是否存在长期协整关系。首先对包含所有滞后项和表示结构突变的虚拟变量的式子（2）进行估计，并对系数γ_1和γ_2进行联合显著性检验，将得到的F统计量与Pesaran（2001）和Narayan（2005）计算的临界值进行比较。检验的原假设为H_0：$\gamma_1=\gamma_2=0$，备择假设为H_1：$\gamma_1\neq 0$或$\gamma_2\neq 0$。检验结果如表5所示。

表5 协整关系检验

时间段	滞后阶数	F值	是否有协整关系
1999.1—2005.7	P=4	2.27	否
	P=5	0.67	否
	P=7	3.73	否
2005.8—2008.8	P=6	9.05	是
	P=5	0.97	否
	P=4	0.82	否
2008.9—2015.12	p=3	1.73	否
	P=2	1.60	否
	P=5	7.68**	是

	1%显著水平临界值		5%显著水平临界值		10%显著水平临界值	
样本容量	I(0)	I(1)	I(0)	I(1)	I(0)	I(1)
35	7.870	8.960	5.290	6.175	4.225	5.050
80	7.095	8.260	5.060	5.930	4.135	4.895

注：各显著性水平下的临界值来源于Narayan（2005）。由于本文各阶段的样本量较小，故使用Narayan（2005）计算的结果更适用于小样本估计的临界值。

由表5可知，在第一阶段，不管是取滞后5阶还是4阶，F统计量均小于下临界值，说明两者之间都不存在长期协整关系，这意味着中国的货币政策是独立于美国的货币政策的。在第二阶段，只有取滞后6阶的情况下F值大于上临界值，说明两者之间都不存在长期协整关系，也意味着中国的货币政策是可以保持独立的。而第三阶段的F统计量则大于上临界值，表明两者之间存在着长期协整关系，即中国的货币政策不再继续保持独立。

这个结果与我们之前的经验分析一致。第一阶段，中国实行固定汇率制度，但资本账户是不开放的，实证结果表明货币政策是独立的，不可能三角中的三个目标中国只实现了两个，说明在1999年1月到2005年7月期间，不可能三角约束在中国是存在的。第二阶段，中国开始有管理的浮动汇率制度，资本账户部分放开，实证结果表明中国的货币政策是独立的，验证了此阶段不可能三角约束在中国的存在性。第三阶段，汇率有管理的浮动，资本账户开放程度不断提高，实证结果表明此时中国的货币政策不再保持完全独立，进一步说明了不可能三角约束在中国的存在性。

分阶段检验结果表明，不可能三角约束在中国是一直存在的，且在不同阶段有不同的表现形式。第一阶段表现为汇率固定、货币政策独立但资本非自由流动，第二阶段表现为汇率有管理的浮动、资本有限流动和货币政策独立，第三阶段表现为汇率有管理的浮动、资本有限流动和货币政策非独立。结论也与中国的实际国情相吻合，2008年之前，中国的政策倾向于保持汇率的稳定和货币政策的独立，但随着贸易顺差的扩大和外资的流入，人民币面临巨大的升值压力，央行通过增加外汇储备缓解升值压力的做法又使得国内市场产生通胀压力，削弱了货币政策的独立性，为了缓解汇率稳定和货币政策独立之间的矛盾冲突，中国实行限制资本流动的政策。2008年金融危机之后，中国经济对世界经济的依赖程度越来越高，有管理的汇率浮动和有限的资本管制无法继续保持货币政策的独立性。

4. 估计结果与分析

在确定了第三阶段两者之间的协整关系之后，本文利用短期误差修正模型(ECM)来估计短期调整系数，式(3)为误差修正模型。不论是依据AIC准则还是SBC准则确定的ARDL模型的最优滞后阶数均为ARDL(1,0)，此处仅报告根据用AIC准则选取的最优ARDL模型对应的短期误差修正模型的结果，如表6所示。

$$\Delta cddi_t = inpt+\sum_{i=1}^{p-1} a_i \Delta cdi_t+\sum_{i=0}^{q-1} \beta_i \Delta usi_t+\Delta d_3+\Delta d_4+ecm_{t-1}+\varepsilon_t \tag{3}$$

表6 相对应的ECM模型的实证结果

因变量：dcdi			
自变量	系数	标准误差	T值
dusi	−3.84*	2.16	−1.78
dInpt	1.63***	0.43	1.80
dd1	0.83***	0.28	0.94
dd2	0.62**	0.24	2.54
Ecm(−1)	−0.53***	0.91	−5.91

注：其中，ecm=cdi+7.27 × usi−3.08 × inpt−1.58 × d1−1.18 × d2。

误差修正因子ecm（−1）的系数即短期调整系数为−0.53，在统计上高度显著且具有正确的符号（负号），即当中国利率偏离与美国利率的长期关系时，会有一个反向的拉力将其拉回长期均衡关系。另外ecm（−1）的系数也表明了中国利率对美国利率的调整速度，系数的绝对值越大，说明中国利率对美国利率的反应速度越快，表明中国的货币政策的独立性也越弱，然而这个值为-0.53并没有达到-1，即两国利率不是一对一的调整关系，说明中国仍然保留了一定程度的货币政策自主性，这也符合我国目前的基本国情。

四、稳健性检验

为了检验结论的稳健性，本部分使用七天质押式回购利率进行稳健性检验。质押式回购具有较低的信贷风险，并且可以作为控制中央银行流动性的灵活工具，世界上也有发达国家使用回购利率作为货币政策工具（美国、英国等）。相对于隔夜回购利率，七天回购利率不会受到市场供需因素的影响，更能反映真实的基准利率，从2015年开始，有学者认为七天质押式回购利率有望成为我国新的政策利率（易纲、程实等），因此本部分使用7天质押式回购利率代表中国的货币政策进行稳健性检验。

单位根检验的结果（如表7所示）表明回购利率（hgcdi）与美国联邦利率（usi）在第一、第三阶段为同阶单整变量，而在第二阶段为非同阶单整变量。为避免结构突变点对单位根检验结果产生影响，对两个变量进行考虑结构突变点的ZA检验和LS检验，结果如表8和表9所示。

ZA检验和LS检验的结果表明hgcdi在第一阶段的结构突变点均不显著，但序列存在明显的时间趋势，因此在模型中加入时间趋势，在第二、第三阶段发生了以2006年11月和2010年12月为突变点的趋势性突变，据此构建虚拟变量加入到模型中。

表7 单位根检验

	hgcdi			usi		
	ADF	PP	DF-GLS	ADF	PP	DF-GLS
1999.1—2005.7	-2.02(9)	-2.89	-1.87(9)	-1.13(1)	-0.95	-1.85(3)
2005.8—2008.8	-3.04(5)	-5.38***	-2.82(5)*	-2.17(3)	-0.07	-1.53(2)
2008.9—2015.12	-3.59(0)***	-3.39**	-3.52(0)***	-3.46(0)**	-13.57***	-0.73
	dhgcdi			dusi		
1999.1—2005.7	-2.41(8)**	-6.98(1)***	-2.89(8)***	-3.45(0)***	-3.25***	-2.56(1)**
2005.8—2008.8	-7.08(1)***	-11.05***	-6.40(1)***	-2.54(0)	-2.48	-2.49(3)
2008.9—2015.12	—	—	—	-10.78(1)***	-21.03***	-2.22(1)

表8 ZA检验

	Model A			Model B			Model C		
	K	Min t	TB	k	Min t	TB	k	Min t	TB
变量：hgcdi									
1999.1—2005.7	0	−3.76	2003.5	0	−4.11	2000.2	0	−4.19	2005.3
2005.8—2008.8	11	−3.92	2006.11	11	−4.99**	2006.12	12	−5.64***	2006.11
2008.9—2015.12	0	−5.48***	2010.12	0	−5.10**	2011.8	0	−5.67***	2010.12
变量：usi									
1999.1—2005.7	7	−3.56	2002.6	4	−3.64	2003.8	1	−2.55	2001.1
2005.8—2008.8	8	−0.45	2008.2	8	−4.69**	2007.5	9	−3.64	2007.6
2008.9—2015.12	2	−4.34	2011.3	2	−4.63**	2014.12	2	−4.57	2014.1

表9 LS检验

	Model C					Model CC							
	K	TB	S_{t-1}	B_t	D_t	K	TB_1	TB_2	S_{t-1}	B_{1t}	B_{2t}	D_{1t}	D_{2t}
变量：hgcdi													
1999.1—2005.7	0	2000.11	−0.35	0.23	0.05	0	2000.8	2005.2	−0.46	−0.04	−0.39	0.17	0.03
2005.8—2008.8	0	2008.2	−1.06**	−0.86	0.15	0	2006.12	2007.10	−1.43***	−0.76*	−0.88*	−0.42	−0.18
2009.9—2015.12	0	2010.11	−0.49**	1.63***	0.44*	1	2010.10	2015.5	−0.74**	−1.38*	0.85	1.72***	−1.39***
变量：usi													
1999.1—2005.7	10	2002.8	−0.23**	0.18	−0.45***	7	2001.7	2002.10	−0.20***	0.51***	−0.52***	−0.40***	0.07*
2005.8—2008.8	6	2007.2	−1.35**	0.19	−0.31***	7	2006.10	2006.12	−1.63***	−0.09	−0.55***	0.03	−0.70***
2008.9—2015.12	12	2011.9	−0.05	−0.01	0.03*	12	2011.7	2013.4	−0.05	0.04	−0.05*	0.01	−0.03

单位根检验结果表明，hgcdi和usi为非同阶单整序列，因此我们仍使用Pesaran et al.（2001）提出的ARDL边界检验法，使用的ARDL模型与式(1)一致，只是将因变量换为hgcdi。协整关系检验最优滞后阶数的选择仍依据AIC准则、SBC准则和LM检验统计量，各阶滞后阶数产生的统计量如表10所示。结果表明第一、第二、第三阶段的最优滞后阶数分别为5、9和5。

表10　协整关系检验最优滞后阶数的选择

P	AIC	SBC	χ^2(1)	χ^2(4)
		1999.1—2005.7		
12	8.18	−21.38	2.53	5.76
11	10.85	−16.71	0.93	1.97
10	11.90	−13.63	2.41	6.90
9	13.21	−10.25	0.49	7.06
8	12.13	−9.23	2.76	6.87
7	14.93	−4.31	0.01	0.74
6	17.23	0.15	0.33	2.05
5(4.84)	17.38	2.49	3.19	5.45
4	6.00	−6.66	4.07**	22.42***
3	8.70	−1.73	0.81	3.03
2	11.18	3.02	0.33	1.30
1(6.55)	11.00	5.14	4.57**	6.00
		2005.8—2008.8		
9(0.45)	−15.18	−28.79	2.67	17.68***
8	−27.40	−40.05	0.03	9.99**
7	−32.54	−44.17	2.05	17.87***
6	−31.38	−41.89	0.31	11.15**
5	−31.35	−40.67	2.84*	11.90**
4(0.23)	−30.74	−38.80	2.06	4.68
3	−31.49	−38.22	3.51*	8.07*
2	−30.31	−35.65	1.25	8.57*
1	−31.93	−35.82	6.08**	9.58**
		2008.9—2015.12		
12	−99.00	−130.30	0.42	1.51
11	−99.70	−128.83	1.51	5.99
10	−98.57	−125.52	0.23	8.14*
9	−98.41	−123.15	1.21	6.05
8	−97.52	−120.03	0.19	4.56
7	−96.56	−116.81	0.21	1.40
6	−96.29	−114.24	1.43	3.60

续表

		2008.9—2015.12		
5(9.33)	-94.93	-110.58	0.21	1.23
4(10.90)	-96.16	-109.46	2.28	3.99
3(11.75)	-97.89	-108.82	1.13	7.49
2	-100.97	-109.52	2.60	12.83**
1	-103.42	-109.56	6.14**	15.18***

协整关系检验结果（如表11所示）表明，在第一、第二阶段，hgcdi与usi之间并不存在长期的协整关系，第三阶段则存在协整关系，意味着在第一、第二阶段我国的货币政策是独立的，而在第三阶段不能保持独立，这与我们的基准结论一致，证明了本文结论的稳健性。

表11　协整关系检验

时间段	滞后阶数		F值		是否有协整关系	
1999.1—2005.7	P=5		4.84		否	
2005.8—2008.8	P=9		0.45		否	
2008.9—2015.12	P=5		9.33***		是	
	1%显著水平临界值		5%显著水平临界值		10%显著水平临界值	
样本容量	I(0)	I(1)	I(0)	I(1)	I(0)	I(1)
35	7.870	8.960	5.290	6.175	4.225	5.050
80	7.095	8.260	5.060	5.930	4.135	4.895

短期调整ECM模型估计结果（如表12所示），hgcdi与usi之间的短期调整系数即ecm（-1）的系数为-0.66，与基准模型得到的结果一致。

表12　相对应的ECM模型

因变量：dhgcdi			
自变量	系数	标准误差	T值
dhgcdi(-1)	0.14	0.10	1.39
dusi	-4.87**	2.30	-2.12
dlnpt	2.00***	0.50	4.00
dD1	1.07***	0.23	4.72
ecm(-1)	-0.66***	0.10	-6.34

注：其中，ecm=cdi+7.42 × usi-3.05 × inpt-1.64 × d1。

五、结论与建议

本文基于汇率改革和金融危机的背景，分阶段检验中国银行间隔夜拆借利率与美国联邦基金利率之间是否存在长期协整关系，据此判断中国货币政策是否独立，进而验证不可能三角约束在中国是否存在。结果发现，当汇率固定、资本不流动时，中国可以保持货币政策的独立，随着汇率浮动程度的提高和资本账户的开放，货币政策无法继续保持独立，证明了不可能三角约束在中国是存在的，且在不同阶段有不同的表现形式。使用七天回购利率进行的稳健性检验也得出了相同的结论，说明了本文结论的稳健性。

在进行单位根检验时，本文进行了考虑结构突变的ZA和LS单位根检验，发现在各个阶段中国利率确实存在着结构突变点，因此为了避免外在经济冲击引起的序列结构突变对结果的影响，本文依据得到的结构突变点构建相应的虚拟变量加入到模型中。单位根检验的结果表明，本文所使用的关键变量为非同阶单整，因此本文使用Pesaran et al.（2001）提出的不严格限制变量单整阶数的协整检验方法——ARDL边界检验法，同时，这一方法也适用于小样本回归，在一定程度上弥补了本文样本量小的不足。当然，本研究仍存在不足之处，本文虽然明确不可能三角在中国的存在及其表现形式，但对于如何在三角中找到一个均衡点，从而使不可能三角对我国经济的约束力最小，本文并没有得出明确的结论，这也是接下来继续研究的方向。

随着中国对外贸易和对外经济合作的加强，特别是2016年人民币被纳入SDR的计价货币篮之后，国际上要求中国开放资本账户的呼声越来越高，国内关于是否加速资本开放进程的争论也越来越激烈。在这种背景下，如何权衡汇率稳定、货币政策独立和资本流动之间的关系，本文结合研究提出以下政策建议。

首先，依据本文的结论，提高资本账户开放程度势必会造成汇率稳定性的下降或货币政策独立性的下降，或是两者同时下降，这三种变动都会对我国经济产生巨大冲击，政府在决策时要考虑中国的金融市场和产品市场是否能够有效地应对这些冲击。因此，我国一方面应不断深化金融体系发展，加强金融监管，提高我国金融市场抵御风险的能力；另一方面应完善企业治理结构，提高产品市场上经济主体对政策变动的敏感性，以便确保把政策变动对经济产生的冲击降至最小。

其次，随着资本账户开放程度的提高，汇率制度和货币政策之间的矛盾也会加剧，我国应不断完善市场汇率的传导机制，逐步放宽人民币对美元的浮动范围，以保证货币政策的有效性和独立性。同时，决策部门一方面要密切关注汇率浮动通过经常项目渠道和资产负债表渠道对我国宏观经济产生的影响，另一方面要继续扩大内需，降低我国经济对世界经济的依赖程度。

最后，在资本账户开放条件下，汇率稳定与货币政策独立性的矛盾在于外资流入所导致的国内通货膨胀压力，因此，央行在继续发挥外汇储备稳定汇率作用的同时，应将外汇市场冲销操作同货币政策和财政政策相结合，调控货币供给量以缓解国内的通货膨胀压力。

参考文献

[1] 胡再勇 . 我国的汇率制度弹性、资本流动性与货币政策自主性研究 [J]. 数量经济技术经济研究，2010(6):20−125.

[2] 沈国兵，史晋川 . 汇率制度的选择：不可能三角及其扩展 [M]. 世界经济，2002(10):1−9.

[3] 孙华妤 . “不可能三角”不能作为中国汇率制度选择的依据 [J]. 国际金融研究，2004 (8): 11−16.

[4] 孙华妤 . 传统钉住汇率制度下中国货币政策自主性和有效性：1998−2005[J]. 世界经济，2007(1):29−37.

[5] 孙华妤，马跃 . 货币政策对外自主性 : 中国的实践 [J]. 数量经济技术经济研究，2015(1):52−65.

[6] 王宇雯 . 人民币实际有效汇率及其波动对我国出口结构的影响——基于 ARDL−ECM 模型的实证研究，[J]. 数量经济技术经济研究，2009(6):53−62.

[7] 易纲，汤弦 . 汇率制度“角点解假设”的一个理论基础，[J]. 金融研究，2001(8): 5−14.

[8] 邹平 . 金融计量学 [J]. 上海：上海财经大学出版社，2005.

[9] 余永定 . 理解流动性过剩 [J]. 国际经济评论，2007(4):5−7.

[10]Aizenman, J., & Jinjarak, Y. 2011. “The fiscal stimulus of 2009−2010: trade openness, fiscal space, and exchange rate adjustment.” *Nber International Seminar on Macroeconomics* 8(1): 301−342.

[11]Andreas Steiner. 2015. “Central banks and macroeconomic policy choices:

Relaxingthe trilemma." *Journal of Banking & Finance*.

[12]Andrew K Rose. 1996. "Explaining exchange rate volatility: anempirical analysis of 'the holy trinity' ofmonetary independence, fixed exchangerates, and capital mobility." *Journal of International Money and Finance* 15(6):925–945.

[13]Binici, M., Hutchison, M., & Schindler, M. 2010. "Controlling capital? legal restrictions and the asset composition of international financial flows." *Journal of International Money & Finance* 29(29):666–684.

[14]BordoMD, Flandreau M. 2003. "Core,periphery, exchangerate regimes, and globalization–Globalization in historical perspective." *University of Chicago Press:* 417–472.

[15]Calvo, G. A., & Reinhart, C. M. 2002. "Fear of floating." *The Quarterly Journal of Economics* 117(2):379–408.

[16]Goldstein, M., & Lardy, N. R. 2005. "China's Role in the Revived Bretton Woods System: A Case of Mistaken Identity." Peterson Institute for International Economics.

[17]Eichengreen, B., & Hausmann, R. 1999. "Exchange rates and financial fragility." Nber Working Papers:329–368.

[18]Eichengreen B. 2003. "China Should Unpeg the RemninbiNow." August.

[19]Fratzscher, M. 2002. "The euro bloc, the dollar bloc and the yen bloc: how much monetary policy independence can exchange rate flexibility buy in an interdependent world?" Social Science Electronic Publishing.

[20]Frankel, J.A., Schmukler, S.L., &Serven, L. 2004. "Global transmission of interest rates:Monetary independence and currency regime." *Journal of International Money and Finance* 23:701–734

[21]Goldstein, Morris and Nicholas Lardy. 2003. "Two–StageCurrency Reform For China." *Asian Wall Street Journal,* September 121.

[22]Goldstein M, Lardy N. 2006. "China's exchange rate policy dilemma." *The American economic review* 96(2):422–426.

[23]Jian, H., Shaoyi, C., & Yanzhi, S. 2011. "Capital Inflows and the Impossible Trinity in China." *Journal of International and Global Economic Studies* 4(2):30–46.

[24]Frankel, J. A. 1993. "Sterilization of money inflows." *CIDER Working Paper* No.

C93−024.

[25]Hsing, Y. 2012. “Test of the trilemma for five selected Asian countries and policy implications.” *Applied Economics Letters* 19(17):1735−1739.

[26]Ito H, Kawai M. 2014. “New measures of the trilemma hypothesis: Implications for Asia.” *“Reform of the International Monetary System.” Springer Japan.*: 73−104.

[27]Fry, M. J. 1988. “Monetary policy in Pacific Basin developing countries. In Monetary Policy in Pacific Basin Countries.” *Springer Netherlands*.: 153−170.

[28]Jens, F., & Lars, O. 2006. “On the link between exchange−rate regimes, capital controls and monetary policy autonomy in small european countries, 1979−2000.” *World Economy* 29(3):341−368.

[29]Joshua Aizenman, Menzie David Chinn, Hiro Ito. 2013. “The 'Impossible Trinity' Hypothesis in an Era of Global Imbalances: Measurement and Testing.” *Review of International Economics* 21(3):447−458.

[30]Joshua Aizenman, Hiro Ito. 2013. “Living with the trilemma constraint:relative trilemma policy divergence, crises, and output losses for developing countries.” Working Paper 19448.

[31]Latifah, M.C. 2005. “Globalization and the operation of monetary policy in Malaysia.” *Bank of International SettlementsBIS Paper,* No. 23.

[32]Lee, B.J. 2013. “Uncovered interest parity puzzle: Asymmetric responses.” *International Review of Economics and Finance* 27:238−249.

[33]Lean Hooi Hooi, & Russell Smyth. 2007. “Are asian real exchange rates mean reverting? evidence from univariate and panel lm unit root tests with one and two structural breaks.” *Applied Economics* 39(16):2109−2120.

[34]Lee, J., & Strazicich, M. C. 2006. “Minimum lagrange multiplier unit root test with two structural breaks.” *Review of Economics & Statistics* 85(4):1082−1089.

[35]Lee, J., &Strazicich, M.C. 2003. “Minimum lagrange multiplier unit root test with two structural breaks.” *The Review of Economics and Statistics* 85:1082−1089.

[36]Narayan, P. 2005. “The saving and investment nexus for China: Evidence from cointegrationtests.” *Applied Economics* 37(17):1979−1990.

[37]Obstfeld, M., Shambaugh, J. C., & Taylor, A. M. 2004. "Monetary sovereignty, exchange rates, and capital controls: the trilemma in the interwar period." *IMF Economic Review* 51(1):75–108.

[38]Pesaran, M.H., Shin, Y., & Smith, R.J. 2001. "Bounds testing approaches to the analysis of level relationship." *Journal of Applied Econometrics* 16:289–326.

[39]Reisent, H. 1993. "Southeast Asia and the 'Impossible Trinity'." *International Economic Insights* 4(3).

[40]Perron, P. 1989. "The great crash, the oil price shock and the unit root hypothesis." *Econometrica* 57:1361–1401.

[41]Reisen, H. 1993. "The impossible trinity in South–East Asia, International Economic Insights." Shambaugh, J. C. 2004. "The effect of fixed exchange rates on monetary policy." *Quarterly Journal of Economics* 119(1):300–351.

[42]Soo Khoon Goha, Robert Mc Nown. 2015. "Examining the exchange rate regime–monetary policyautonomy nexus: Evidence from Malaysia." *International Review of Economics and Finance* 35:292–303.

[43]Schwert, G. W. 1989. "Why does stock market volatility change over time?" *The Journal of Finance* 44(5):1115–1153.

[44]Takagawa, I. 2005. "An empirical analysis of the impossible trinity." In R. Driver, Sinclair, & C. Thoenissen (Eds.), Exchange rates, capital flows and policy. UK: Routledge.

[45]Mohan R, Kapur M. 2009. "Managing the impossible trinity: volatile capital flows and Indian monetary policy." Available at SSRN 1861724.

[46]Sen, A. 2003. "On unit–root tests when the alternative is a trend–break stationary process." *Journal of Business and Economics Statistics* 21:174–184.

[47]Steiner, A. 2015. "Central banks and macroeconomic policy choices: Relaxing the trilemma." *Journal of Banking & Finance.*

[48]Umezaki, S. 2007. "Monetary policy in a small open economy: The case of Malaysia." *The Developing Economies,* XLV–4:437–464.

[49]Volz, U. 2010. "Prospects for monetary cooperation and integration in East Asia." Cambridge, MA: MIT Press.

[50]W. Jos Jansen. 2008. "Inside the impossible triangle: monetary policy autonomy in a credible target zone." *Contemporary Economic Policy* 26(2):216–228.

[51]Yin–Wong Cheung, Dickson C. Tam, Matthew S. Yiu. "Does the Chinese interest rate follow the interest rate?" *International Journal of Finance and economics* 13:53–67.

[52]Joshi V. 2003. "India and the impossible trinity." *The World Economy* 26(4):555–583.

[53]Zivot, E., & Andrews, D. 1992. "Further evidence of the great crash, the oil–price shock and theunit–root hypothesis." *Journal of Business and Economic Statistics* 10:251–270.

内生货币、信贷扩张和“钱荒”

●智天皓 李仲飞 韦立坚*

摘 要 近年来我国频频出现“钱荒”。银行间隔夜拆借率屡创新高。本文从内生货币的视角，阐述信贷扩张和钱荒之间的互动关系。通过剖析内生货币“存款创造贷款，贷款创造货币”的机制，研究信贷行为对个经济个体资产负债表的影响，进一步说明信贷的扩张如何扩大货币乘数，增加金融体系性风险，并引发钱荒的发生。同时，本文提出相应的政策建议，以应对钱荒对金融市场所造成的危害。

关键词 内生货币；资产价格通胀；钱荒

一、背景与研究问题

近几年，“钱荒”一词频频出现在媒体：2013年6月20日，上海银行间同业拆借利率一度涨到将近25%～30%，创下历史新高。仅仅过去半年，在2013年12月，我国又出现小规模银行拆借市场隔夜拆借率飙涨。12月19日，Shibor7天回购加权平均利率上涨至近乎6.5%，再创6月底以来新高。2017年3月底，“钱荒”再度袭来：3月21日，隔夜

*智天皓，中山大学管理学院副研究员，国际经济金融硕士、金融学博士；李仲飞，中山大学管理学院教授、博士生导师，中国科学院管理学博士；韦立坚，中山大学管理学院助理教授，硕士生导师，中山大学高级金融研究院成员。

Shibor率甚至飙升到10%。金融市场流动性紧缺正在逐渐从短期现象演变成一个长期的结构性问题。

关于钱荒形成的机制，媒体和学者众说纷纭。有的学者认为，钱荒的形成主要由“资金错配”所导致：一方面银行和股市缺钱；另一方面M2扩张迅猛，市场游资充足。钱荒是由于“钱没有用在刀刃上”所导致。然而，从更深层次的角度来看，“资金错配论”没有从根本上解释钱荒形成的原因。“钱荒”的出现事实上反映了我国在之前20年来信贷扩张迅猛所引发的并发症。一方面，我国M2迅速地扩张；另一方面，货币政策谨慎，M0的增速并没有赶上M2的增速。于是，我国的货币乘数逐年增大。从万得资讯提供的数据来看，1996年至2016年年末，我国M2/M0比值从6.7上涨到24左右。这反映了宏观经济层面的杠杆逐年加大。如果不及时采取“去杠杆”为导向的货币政策，将增加金融系统的体系性风险，并诱发金融危机。

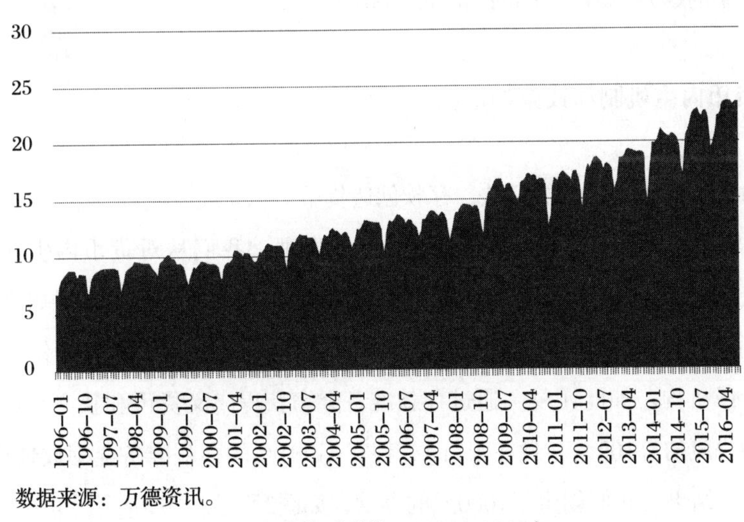

数据来源：万德资讯。

图1 中国货币乘数：1996—2016年

二、什么是钱荒

“钱荒”的发生来源于银行拆借市场。银行拆借市场是银行间互相短期借贷头寸，以维持准备金需求的市场。作为货币市场中最大的一块，对金融市场的稳健性起到了至关重要的作用。一方面，它是央行执行货币政策的枢纽——通过对银行拆借市场的公开市场交易，中央银行可以有效地控制短期利率，以维持长期的经济繁荣和物价稳定；另一方面，一个稳健的银行拆借市场将有利于金融机构间资金的配置和流动，减少体系性风险的发生概率。

尽管"钱荒"一词自2013年才出现，"钱荒"的现象在海内外由来已久。早在1873年，英国经济学家Walter Bagehot就在他的论著《伦巴第街》（*The Lombard Street*）中揭示了钱荒形成的机理。他在该书第六章写道："一切突然发生在一个国家的引起货币需求增加的事件，都将导致或潜在地导致资金的枯竭——由于现金被过度使用，还债需求巨大。在这种国家中，巨大的信贷栖息在很少的储备金上。只要它轻微地受到一点冲击，就很容易让其支撑的信贷部分甚至全部的瓦解。"[①]最早的钱荒或许可以追溯到1893年的美国。当时，过度的金融资源流入了铁路的建设，导致了产能过剩。当投资者信心开始瓦解，并恐慌撤资时，银行没有足够的储备金来对冲，最终导致了当时短期利率的飙升（Akerlof and Shiller, 2009）。

三、货币内生机制和钱荒的形成

1. 货币内生性：贷款创造存款，存款创造货币

要更深层次的理解信贷扩张和钱荒的形成机理，我们从对货币内生性的探讨开始。在传统的对银行的理解中，银行常被看做一个"先借后贷"的金融媒介。银行在获得储蓄后，将其中一部分作为准备金保存在自己的金库，另一部分作为贷款发放给其他银行或机构。如此往复，通过存款准备金率获得广义货币和狭义货币的货币乘数。假设储户最初有100元存款在银行A，银行A以10%的存款准备金率放贷给银行B，并如此往复，结果是我们创生了1000元的存款，如图2所示。

然而，在这个体系里，银行往往只是被作为一个被动的金融中介（Financial Intermediary）：一方面吸收存款，另一方面发放贷款[②]。这种纯粹的金融中介观点不

[①] Bagehot (1873), *Lombard Street – Chapter VI. Why Lombard Street is often very dull, and sometimes extremely excited.* Henry S. King & Co. 65 Cornhill & 12 Paternoster Row, London, 1873.

[②] Allen & Gale（2000; 2004）.

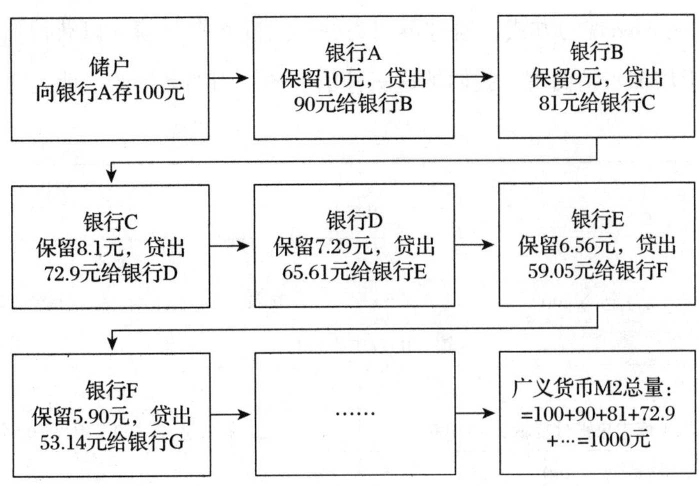

图2　教科书对货币乘数的解释

能有效地描绘商业银行运作的现实：在信贷体系下，货币的创生源自于商业银行的贷款。银行可以用“先贷后借”的方式来维持储备金的需求。假设经济中有1000元的贷款需求用于购置房产，银行可以在还没有储蓄的情况下，先发放1000元的贷款，同时创造同等数额的储蓄，如下图所示。

借款人	
资产	负债
存款+/-￥1000	贷款 +￥1000
房产+￥1000	
银行	
资产	负债
贷款+￥1000	存款 +￥1000
房产商	
资产	负债
存款+￥1000	
房产-￥1000	

在完成了贷款的发放后，银行为了满足准备金的需求，有以下三个途径获得因增发信贷所造成的头寸不足：（1）银行可以在拆借市场向别的银行借入；（2）银行

可以通过和央行再贴现的方式，通过再回购的形式变卖资产债券以获得新的流动性；（3）银行可以增加吸纳储蓄。我们把这三种情形分别用如下资产负债表所描绘[①]。

情形 I

银行A	
资产	负债
储备金+￥100	银行间贷款 (或中央银行贷款）+￥100

银行B (或中央银行）	
资产	负债
银行间贷款（或中央银行贷款）+￥100	或，储备金+￥100（中央银行贷款）
储备金-￥100	

情形 II

银行A	
资产	负债
储备金+￥100	
政府债券-￥100	

中央银行	
资产	负债
政府债券+￥100	储备金+￥100

情形 III

银行A	
资产	负债
储备金+￥100	存款+￥100

储户	
资产	负债
存款+￥100	
现金-￥100	

当然，商业银行也可以通过用资产证券化的方式，在表外盘活资产负债表上的贷款。就美国发行的MBS[②]而说，银行可以通过将表内的资产移出表外以盘活资金。而投

[①]参见 McLeayet al.(2014), Lavioe (1984), Moore (1988), Goodhart (1989), Wray (2007)。

[②]房屋抵押债券：Mortgage Backed Security。

资银行所成立的SPV[①]一方面回收商业银行的房屋贷款，另一方面用房贷所获得的固定现金流发行MBS。其对资产负债表所发生的影响如下图所示。

商业银行	
资产	负债
房屋贷款-$1m	
现金+$1m	
投资银行SPV	
资产	负债
现金+/-$1m	MBS投资产品+$1m
房屋贷款+$1m	
MBS投资者	
资产	负债
现金	
MBS投资产品+$1m	
现金-$1m	

显然，适度的资产证券化可以盘活商业银行的非流动性资产，并为金融市场创造更多的投资产品。然而，资产证券化会加大监管难度。表外行为和影子银行可以越过监管体系创造信贷，增加M2供给，并加大金融杠杆。

2. 内生货币、信贷扩张和钱荒

从上面的分析可以看出，无论在哪种情形下，商业银行在发放贷款的同时也增加了存款，创生了广义货币M2，因为M2由各类储蓄存款构成。而中央银行从这个意义上很难控制M2或者M0的数量，因为央行一方面需要从宏观经济运行大局出发，维持一个合理的M2和M0比值。另一方面，由于内生货币机制，央行又必须及时为商业银行提供所需的流动性。当商业银行对流动性的需求和央行的政策目标不一致时就产生了矛盾。那么央行需要利用银行间拆借利率这个工具来调节这个矛盾：利率的高低就反映了商业银行的流动性需求和央行货币政策目标的矛盾大小。当这个矛盾足够大的时候，就产生了“钱荒”。

[①]特殊目的载体：Special Purpose Vehicle。

我国货币供给的内生性被很多实证论文所证实[①]。然而，中央银行能够通过公开市场交易的形式，有效地控制银行拆借市场的短期利率。如下图所示，当中央银行设定目标利率后，只需要调整储备金的供给（垂直线）来应对不断变化的储备金需求，以维持目标利率的稳定。

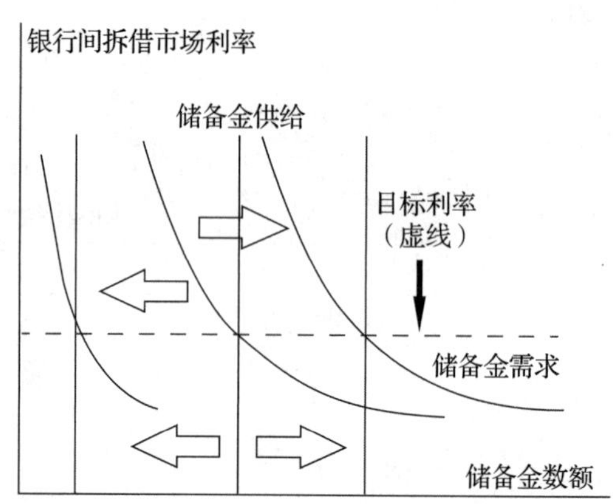

当这种信贷的创生作用于实体经济时，它能为宏观经济的长期稳定增长注入金融的血液。然而，当信贷被用于投机行为时，它会引发投机泡沫，并引发体系性金融危机。正如Charles Kindleberger在他著名的金融危机史著作《疯狂、惊恐和崩溃：金融危机史》[②]中所描绘的诸多历史金融危机那样：在经济扩张的时候，乐观的商业情绪会促使信贷的扩张。宽松的监管以及金融创新导致银行甚至进一步的规避监管。各类理财产品开始出现，影子银行开始扩张加剧信贷扩张。这种乐观情绪会助长M2和M0之间的比值不断增大。当信贷周期进入下行区域，用Bagehot的话来说，在某个时间点上，过多的信贷倚靠在过少的储备金上。初期的乐观演变成后来的悲观情绪，金融监管最终收紧，问题贷款开始浮现，在巨大的不确定性下银行被迫开始囤积现金，钱荒因此而形成，并潜在地进一步触发金融危机。在危机过后，央行为了应对流动性紧缺的局面，往往采取非常规的货币政策进行市场干预。然而这种量化宽松式的干预如果不能

[①]耿中元、曾令华（2006），刘国亮、陈达飞（2012）。

[②]C.P. Kindleberger(1989).

恢复银行的商业信心，只会更加加剧银行囤积现金，并进一步缩小M2和M0的比值。这正是在大多数西方国家经历过量化宽松后所发生的情况[①]。以美联储的AMBS房屋抵押债券的收购计划[②]为例，量化宽松对金融机构资产负债表的影响如下：

可以看出，非常规货币政策可以在短期内迅速增加基础货币（M0）的供给。然而，如果量化宽松政策不能有效地恢复银行的商业信心，它将无法从根本上扭转信贷周期，创造就业，恢复宏观经济的元气。

机构投资者	
资产	负债
–$1bn房屋抵押债券（MBS） +$1bn现金	
美联储	
资产	负债
+$1bn房屋抵押债券（MBS）	+$1bn现金

四、结论：政策建议和未来研究展望

本文从内生货币的视角，分析了信贷扩张如何引发“钱荒”。从长期来看，在信贷周期上行期间所引发的信贷过度扩张，终将增加金融市场的杠杆压力，并引发金融市场流动性短缺。基于以上分析，我们提出以下三点政策建议：

1. 适度利用资产证券化工具盘活非流动性资产：通过以上论述我们知道，适度的资产证券化有利于盘活商业银行的非流动性资产，分化其所带来的违约风险，并创造更多的投资渠道以分散风险。我国近几年涌现出的类似房地产投资信托（Real Estate Investment Trusts, REITs）就是个很好的例子。然而，2008年美国由房地产所引发的全球金融危机告诉我们，过度的资产证券化会给金融市场带来潜在风险。因而如何监管银行表外行为将至关重要。

[①] Disyatat (2010)。

[②] Agency Mortgage Backed Security Purchasing Program：美联储于2008年金融危机后采取的货币化房屋抵押债券的非常规货币政策。

2. 对影子银行和金融机构表外行为加强审慎监控：近年来信贷的迅速扩张与影子银行的出现和银行表外行为无不联系。在巴塞尔协议的基础上，监管机构需要加强对影子银行和金融机构，尤其是储蓄吸纳机构的表外行为的监管，用更严格的信贷评级系统来严控表外资产的风险。

3. 有效地抑制投机行为，尤其是房地产投机行为：毋庸置疑，史上几乎所有的金融危机都是由于投资者的非理性行为和羊群效应所造成。而房地产市场的投机行为相比其他市场，对金融市场具有更大的潜在破坏性，因为房贷在商业银行的资产负债表上占有较大的比重。对于有明显投机性倾向的城市，政策机构需要用严格的限购对其房地产市场加以调节，以避免过度投机行为的发生。

银行拆借市场机制复杂，对金融稳定性所起的作用不可小视。在今后的研究中，我们认为应该在理论研究的角度更加细致地完善对银行拆借市场的建模和理解，为金融风险管理文献添加更深化的理论基础。

参考文献

[1] 耿中元，曾令华 . 后凯恩斯学派的内生货币假说——中国的例证 [J]. 管理科学，2006，19(4).

[2] 刘国亮，陈达飞 . 内生货币视角下通货膨胀与货币供应量关系分析，[J]. 经济学动态，2012(8).

[3]G. A. Akerlof and R. J. Shiller. 2009. “Animal spirits: how human psychology drives the economy, and why it matters for global capitalism.” Princeton University Press.

[4]F. Allen and D. Gale. 2000. “Financial contagion.” *Journal of Political Economy* 108(1):1–33.

[5]F. Allen and D. Gale. 2004. “Financial intermediaries and markets.” *Econometrica* 72(4):1023–1061.

[6]C.P. kindleberger. 1989. “Manias, Panics, and Crashes: A History of Financial Crises.” 2nd edition, Macmillan, London.

[7]P. Disyatat. 2010. “The Bank Lending Channel Revisited.” BIS working paper.

[8]C. Goodhart. 1989. “Has Moore become too horizontal?.” *Journal of Post Keynesian Economics* 12(1):29–34.

[9]M. Lavioe. 1984. “The Endogenous Flow of Credit and Post Keynesian Theory of Money.” *Journal of Economic Issues* 18(3):771–797.

[10]M. McLeay, A. Radia, and R. Thomas. 2014. “Money creation in the modern economy.” Quarterly Bulletin Q1, Bank of England.

[11]B.J. Moore. 1988. “Horizontalists and Verticalists: The Macroeconomics of Credit Money.” Cambridge University Press.

[12]C. P. Kindleberger. 1989. “Manias, Panics, and Crashes: A History of Financial Crises.” Macmillan, London.

[13]L.R. Wray. 2007. “Endogenous Money: Structuralist and Horizontalist.” Economics Working Paper Archive 512, Levy Economics Institute, Sept.

比特币交易市场的风险对冲功能研究

●赵飞霞 刘彦初 陈 南*

摘 要 近年来，数字货币市场蓬勃发展，其中比特币以先发优势占据重要地位。本文将从国内比特币交易市场角度研究三个问题，分别是比特币交易市场对股票市场的风险对冲功能，比特币交易市场对债券市场的风险对冲功能，比特币交易市场对外汇市场的风险对冲功能。

实证采用EGARCH模型，得出了以下结论：比特币交易市场对同期的外汇市场风险有强对冲功能，而对于滞后一期的外汇市场风险以及股票、债券市场的风险，比特币都表现出弱对冲功能。比特币收益率还受到自身滞后一期和滞后两期收益率的负向的影响。同时，实证也发现，比特币收益率波动存在不对称性，正的冲击会比负的冲击带来更大的波动。最后，本文应用实证结论分别对投资者、比特币交易平台和监管机构提出了策略建议。

关键词 比特币；风险对冲；EGARCH模型

一、引言

随着互联网的逐渐发展与成熟，货币体系也在不断创新。2009年1月3日，比特币诞生，它通过密码编码以及复杂算法的大量计算产生，是世界上第一个分布式的匿名

*赵飞霞，中山大学岭南学院硕士研究生；刘彦初，中山大学岭南学院助理教授，硕士生导师；陈南，香港中文大学副教授，博士生导师，金融科技本科项目主任，香港中文大学（深圳）金融工程硕士项目副主任。

数字货币，不依赖于结算交易验证保障或是通货保障的中央权威。最初，比特币饱受争议，有人担心它是郁金香般的数字狂热，有人认为它是未来货币的雏形，也有人说比特币是代表数十年的密码学和分布式系统的巅峰之作。

作为一种现代网络信息科技和货币经济体系相结合的创新性产物，人们对于比特币的认识也在不断地深入。目前，虽然各国政府对比特币的态度不一，但总体趋势是逐渐放开的。日本金融服务局宣布从2017年4月1日起，将修订的《支付服务法案》正式作为法律，比特币等数字货币支付手段的合法性得到承认。此前，美国部分州发布了针对数字货币业务的许可证，纽约证券交易所推出了比特币指数，美国商品期货交易委员会把比特币定义为大宗商品，国税局将其视做资产，不过由于市场监督和监管方面的原因，美国证监会于2017年3月两度拒绝了比特币ETF的上市申请。欧盟法院曾裁定，比特币交易免收增值税，享有传统货币相同的待遇。我国央行一方面在为发布中心化的数字货币做准备，另一方面也在积极引导比特币的发展。在2017年年初比特币价格创下历史新高之后，央行先后约谈了国内三大比特币交易平台（比特币中国、火币网、币行）的负责人，又对这三家平台进行了为期一周的现场调查，调查内容包括杠杆违规交易、洗钱、涉嫌违反外汇政策等行为。而后，三大平台限制或者暂停了融资融币服务来去杠杆，同时，各平台也宣布从2017年1月24日开始收取0.2%的交易费用，以遏制投机行为，防范比特币价格的剧烈波动。2月，三大平台响应央行号召，暂停了比特币提币业务，升级反洗钱系统。

在投资圈内，比特币被称为“数字黄金”，曾创造了3年最高上涨20000倍的财富奇迹，自诞生以来，比特币已经从一个学术论文词汇变为一个价值千亿元人民币的产业。

针对比特币价格的变化走势，以及比特币价格与经济环境之间的联系，我们需要在微观数据层面去寻找原因。在此背景下，研究比特币市场表现与中国股票市场、债券市场和外汇市场的相关关系，采用实证方法，构建中国市场的模型，以探究中国比特币交易市场的风险对冲功能，具有理论和现实意义。

二、文献综述与研究假设

Baur和Lucey（2010）在探究黄金对股票市场和债券市场的风险管理作用时，明确定义了对冲（Hedge）的概念。Ratner和Chiu（2013），袁晨等（2014）等文献也都采用同样的相关系数的正负来定义，本文沿用了这些文献的定义。对冲是指平均来看，一种资产与另一种资产或资产组合不相关或负相关。如果是负相关，表示强对冲功能；如果是不相关，表示弱对冲功能。对冲不同于多元化，多元化是指一种资产与另一种资产或资产组合正相关（但又不是完全正相关）。表1总结了这些定义：对冲（hedge）、多元化（diversifier）和避险（safe haven）。其中，只有对冲和多元化是对立的，对冲与避险、多元化与避险可以同时存在。

表1　对冲、多元化和避险的定义

	平均相关性	极端市场相关性
对冲	相关性为负或者零	无要求
多元化	相关性为正且不完全相关	无要求
避险	无要求	相关性为负或者零

Baur和Lucey（2010）使用MSCI的股票指数和债券指数研究了美国、英国和德国这三个大的金融市场中的黄金收益率和股票收益率、债券收益率的关系，发现黄金可以对冲美国和英国股票市场的风险，但不能对冲德国股票市场的风险；刚好相反，黄金不能对冲美国与英国债券市场风险，却可以对冲德国债券市场风险。Capie et al.（2005）研究了黄金价格与英镑兑美元汇率、日元兑美元汇率的关系，发现黄金可以作为美元汇率风险的一种对冲，作者认为根本原因在于黄金不由货币当局生产。但随着时间推移，汇率制度改变等原因，黄金对美元汇率的对冲程度也在变化。在国内，关于黄金风险对冲功能的研究兴起较晚，随着我国资本市场的不断发展与扩大，也出现了一些对黄金风险对冲功能的实证研究文献。

对比特币这三方面的功能的研究则刚刚兴起。自2009年初比特币诞生以来，经过这几年的发展，随着交易量的提升和市场深度的增加，比特币价格和交易的数据渐渐变得完善与可靠。对于比特币的风险对冲功能或多元化功能，在国外已经有学者开始研究，不同的学者使用了不同的数据，或研究的相关对象不同，有时会得到截然相反的结论。

我们重点从平均相关性来看，国外学者对比特币的研究结论就明显分为了多元化和对冲两类。例如，Bri è re et al.（2015）研究了比特币与股票、债券、硬通货、商品、对冲基金和房地产的相关系数，发现比特币与其他资产的关联很低，在投资组合中加入很少比例的比特币，可以有效分散风险。Bouri et al.（2017c）使用比特币价格指数探究比特币对世界上主要的股票指数、债券、石油、黄金、商品指数和美元指数的风险对冲能力，得出结论，比特币更适合作为有效的多元化资产，仅在极少的市场中有对冲作用。

Dyhrberg（2016a）倾向于比特币具有对冲功能，比特币可以对冲英国富时指数的波动，同时，在短期内，比特币也可以对冲美元的汇率变化。Dyhrberg（2016b）则认为比特币与黄金和美元具有很多相似性。Bouri et al.（2017a）使用2011年3月到2016年10月的数据，采用14个发达国家和发展中国家的VIXs的第一主成分衡量全球不确定性，使用标准的OLS回归、分位数回归等多种处理，发现分位数回归的结果表明比特币可以对冲不确定性。

也有一些研究，同时说明比特币的风险对冲和多元化功能的，比如Bouri et al.（2017b）采用DCC模型，探究比特币对商品的对冲能力，发现比特币对于能源商品有很强的对冲功能，但对于其他商品的统计结果并不显著。研究还发现，2013年12月比特币价格暴跌之前，比特币表现出来的是风险对冲能力，而在此之后，表现出来的是多元化能力，比特币的对冲功能随时间变化而变化。

以上实证研究均取得了一定的成果，但类似的比特币的研究在中国市场目前还比较欠缺，不同的市场行情，不同的投资者认知，会带来不同的结果。我们难以从理论上判断比特币与传统资产的相关性是正是负，又或是不相关，实证研究则可以解决这个问题。基于以上的总结与分析，提出本文的三个研究假设如下：

第一个研究假设是H_1：比特币交易市场可对冲股票市场风险，即平均来看，比特币人民币价格与股票市场变动不具有同向性；

第二个研究假设是H_2：比特币交易市场可对冲债券市场风险，即平均来看，比特币人民币价格与债券市场变动不具有同向性；

第三个研究假设是H_3：比特币交易市场可对冲外汇市场风险，即平均来看，比特币人民币价格与外汇市场变动不具有同向性。

三、实证研究与结果

（一）样本选取与数据预处理

本文从Wind资讯选取了2011年6月13日至2017年2月28日的比特币收盘价格，价格以人民币元来表示，数据源为Bitcoin Charts①。比特币人民币价格走势如图1所示。

① Bitcoin Charts 是提供价格索引的站点，链接为 http://bitcoincharts.com/。

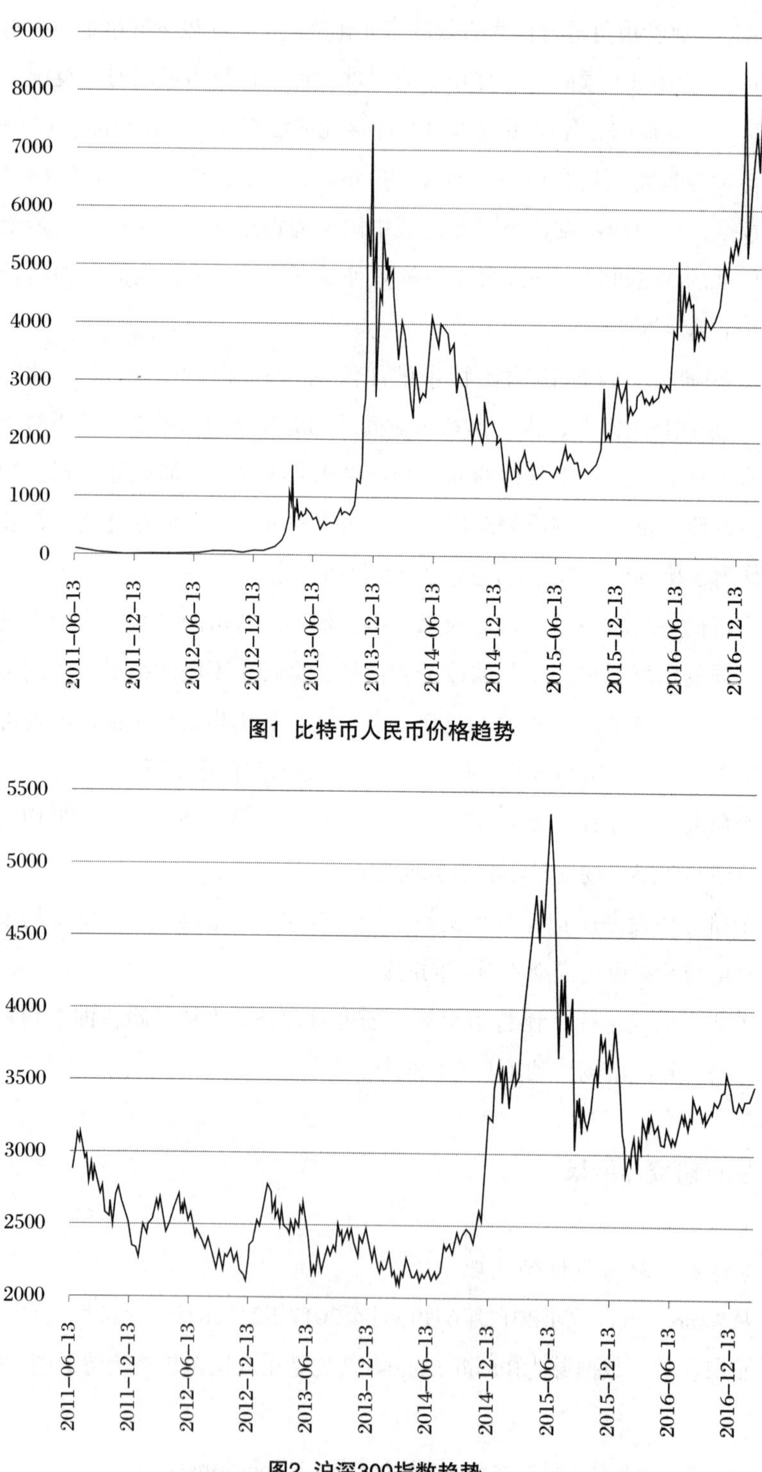

图1 比特币人民币价格趋势

图2 沪深300指数趋势

在衡量我国股票市场波动时，选用沪深300指数。该指数是股票市场上少有的覆盖沪深两市的指数产品之一，成分股为A股市场代表性好、交易活跃、流动性强的主流投资股票。沪深300指数可以作为反映中国股票市场全貌的一个重要参考指标。沪深300指数具体点位变化见图2。

债券市场指标选择依照胡秋灵和马丽（2011）的做法，采用中国债券总指数（净价指数），该指数隶属于中债总指数族下的综合系列，主要成分除了记账式国债，还包括政策性银行债和央行票据。中债总净价指数来自Wind资讯和中国债券信息网，点位变化如图3所示。

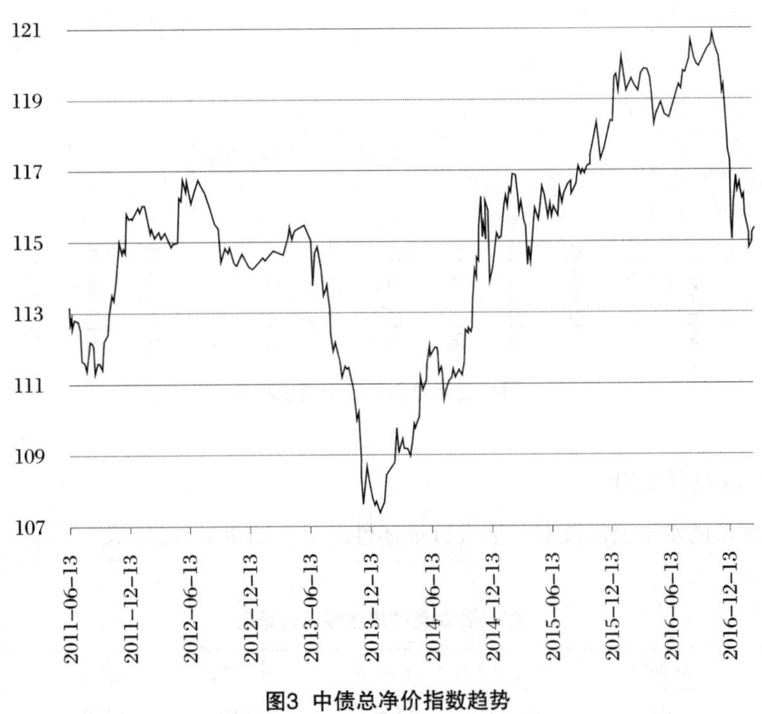

图3 中债总净价指数趋势

汇率选取参考陈云等（2009）和郭彦峰等（2008）的做法，采用美元兑人民币中间价，并以单位美元折算的人民币数值来表示，如图4所示。

由于比特币的交易数据是每个自然日的数据，股票市场和债券市场的市场指数与人民币汇率指标都是交易日的数据，本文采用Jeon和Von（1990）及Hirayama和Tsutsui（1998）都曾使用过的Occam's razor原理，对缺失数据按照取前值原则处理。同时，对上述变量序列取自然对数，分别记为：$lnprice_t$、$lnCSI300_t$、$lnCBI_t$和$lnUSDCNY_t$，经过数据预处理，得到有效观察值2088个。

图4 美元兑人民币中间价趋势

（二）描述性统计

对各变量的水平值以及对数值进行描述性统计，结果如表2所示。

表2 各变量的描述性统计结果

变量名	观察值	平均值	标准差	中位数	最小值	最大值
price	2088	1948.33	1849.72	1540.68	14.01	8576.52
lnprice	2088	6.56	1.88	7.34	2.64	9.06
CSI300	2088	2876.76	643.62	2623.52	2086.97	5353.75
lnCSI300	2088	7.94	0.21	7.87	7.64	8.59
CBI	2088	114.95	3.15	115.19	107.38	120.89
lnCBI	2088	4.74	0.03	4.75	4.68	4.79
USDCNY	2088	6.33	0.21	6.30	6.09	6.95
lnUSDCNY	2088	1.84	0.03	1.84	1.81	1.94

由表2可以看出，比特币价格、沪深300指数、中债总净价指数和美元兑人民币中间价都有较大的波动。其中，比特币价格在14.01和8576.52之间波动，标准差接近平均值，说明波动非常剧烈，平均值明显大于中位数，说明在较长时间里比特币都呈现比较低的价格，这与比特币进入中国市场前两年，人们对比特币这一新兴的数字货币认识不够，交易不活跃有关系。沪深300指数也经历了较大的波动，最低曾低至2086.97，最高达到5353.75，最高值超过最低值的2.5倍。相对而言，债券市场的波动稍微缓和一些。美元兑人民币中间价也有明显的波动，从6.09到6.95的贬值，幅度高达14.12%。

（三）单位根检验

本节对$lnprice_t$、$lnCSI300_t$、$lnCBI_t$、$lnUSDCNY_t$这四个序列分别进行平稳性检验，采用ADF检验模型，使用EViews8，ADF检验的最佳滞后期数以SIC准则（施瓦茨信息准则）作为判断依据。为保证结果呈现的美观与完整，即使模型3已经拒绝零假设，这里仍然补充模型2和模型1的检验结果，表3展示了检验结果。

表3　序列的平稳性检验结果

序列	模型种类	滞后阶数	水平值	滞后阶数	一阶差分
			ADF检验		ADF检验
$lnprice_t$	1	2	1.6991	2	−35.1797***
	2	2	−0.3401	2	−35.2500***
	3	2	−1.3984	2	−35.2453***
$lnCSI300_t$	1	0	0.2322	1	−45.9020***
	2	0	−1.2685	1	−45.8923***
	3	0	−2.1029	1	−45.8947***
$lnCBI_t$	1	1	0.3295	1	−32.7800***
	2	1	−1.2081	1	−32.7747***
	3	1	−1.1775	1	−32.7700***

续表

序列	模型种类	滞后阶数	水平值ADF检验	滞后阶数	一阶差分ADF检验
$lnUSDCNY_t$	1	1	0.9545	1	-40.7144***
	2	1	0.6129	1	-40.7243***
	3	1	-0.7513	1	-40.9144***

注：1.***、**、*分别代表检验结果在1%、5%、10%的水平下显著；
2.模型1代表不含有常数项和趋势项的ADF检验模型，模型2代表含有常数项的ADF检验模型，模型3代表含有常数项和趋势项的ADF检验模型。

检验结果显示，原序列均为非平稳序列，而在1%的显著性水平下，对应的一阶差分序列都平稳。由此可以得出：$lnprice_t$、$lnCSI300_t$、$lnCBI_t$和$lnUSDCNY_t$都是一阶单整序列，即$\Delta lnprice_t=lnprice_t-lnprice_{t-1}$是平稳的，同样地，$\Delta lnCSI300_t$、$\Delta lnCBI_t$和$\Delta lnUSDCNY_t$都是平稳序列。原始变量序列对应的对数差分的含义刚好可看成是收益率序列。

差分后的序列图形如图5至图8所示。

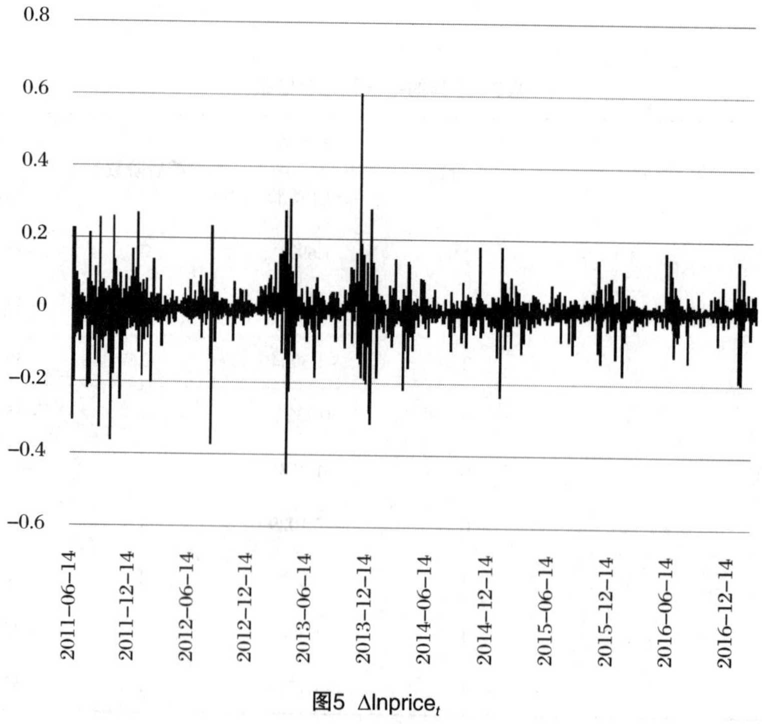

图5 $\Delta lnprice_t$

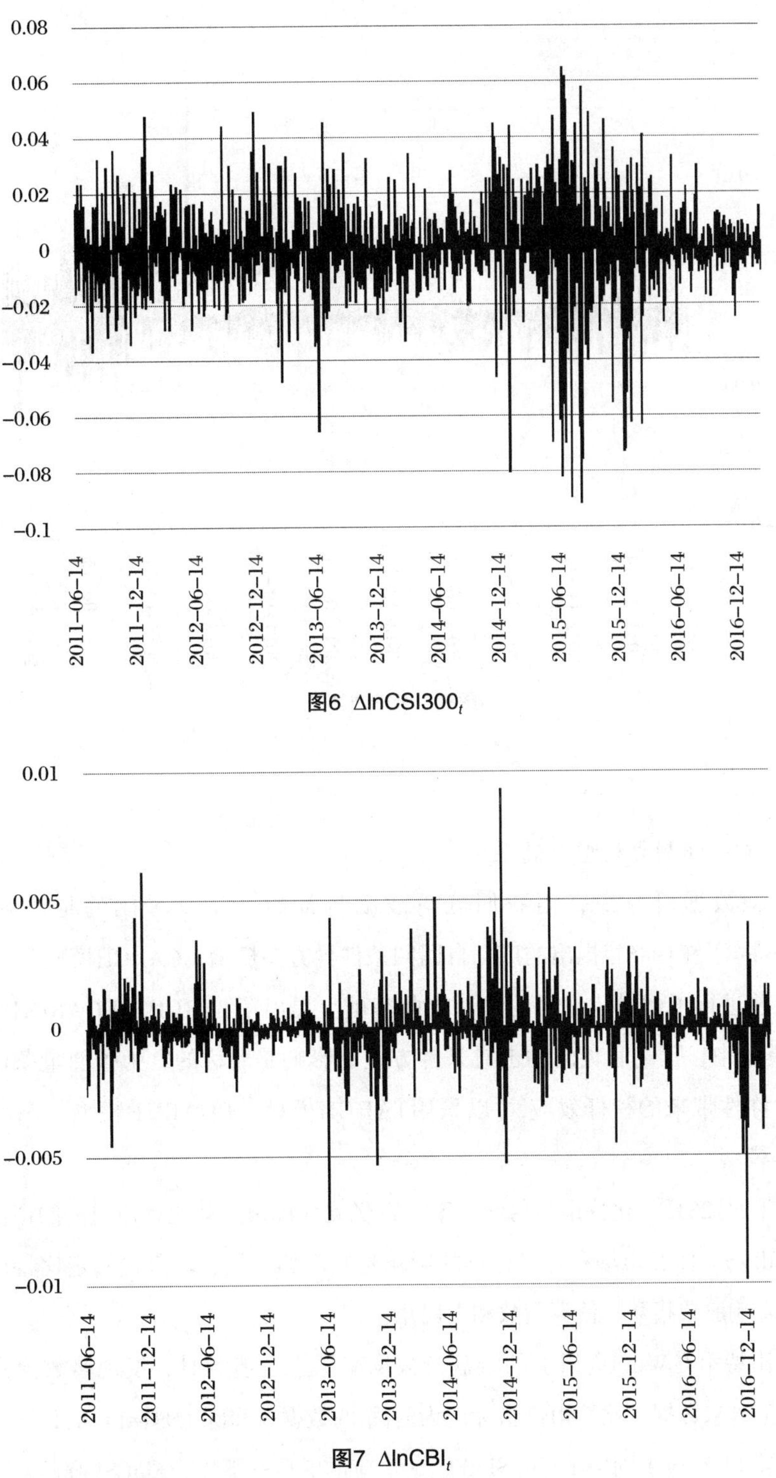

图6 $\Delta \ln CSI300_t$

图7 $\Delta \ln CBI_t$

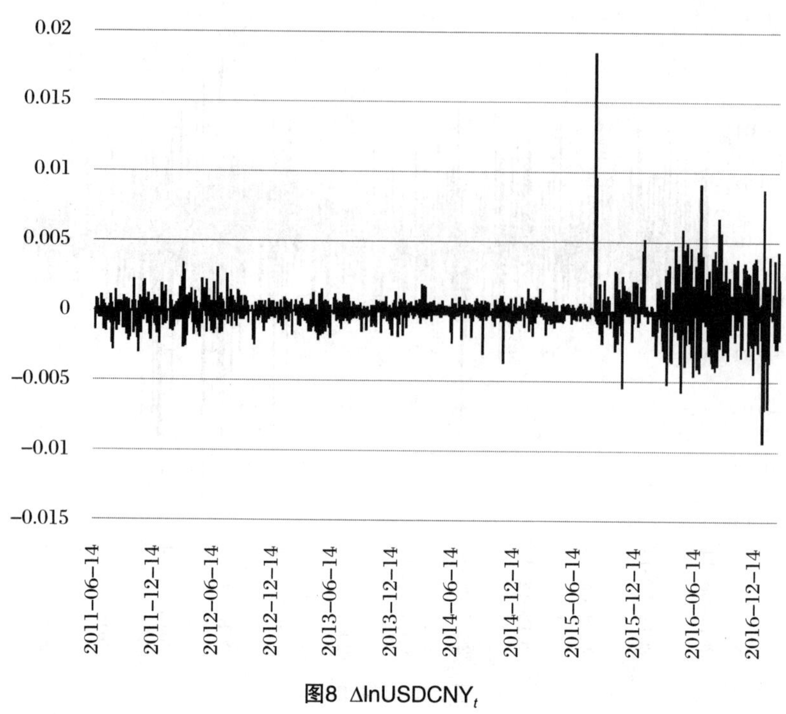

图8 $\Delta lnUSDCNY_t$

（四）GARCH类模型与结果

在金融数据研究中，当我们分析波动特征时，最常采用的是波勒斯列夫（T.Bollerslev）在1986年提出的广义自回归条件异方差模型（GARCH模型）。GARCH模型对方差进行了建模。之后的学者在此基础上提出了TARCH、EGARCH等模型。GARCH模型中，正的和负的冲击对条件方差的影响是对称的，为了衡量条件方差波动的非对称性带来的杠杆效应,可以采用TARCH模型、EGARCH模型。下面将建立GARCH类模型。

2017年2月28日，比特币市值约一千三百亿元人民币。就比特币目前的市值而言，其对股票市场、债券市场和外汇市场的影响是有限的，故我们直接假定比特币价格不会反过来影响股票指数、债券指数和人民币汇率。

在对比特币在Wind资讯上的收盘价数据来源进行追溯时，发现该数据为日初数据，而不是日末数据。比特币价格标记为时间t的数据，实际上是t-1日的日终数据，故$\Delta lnprice_t$实际上对应了同期项$\Delta lnCSI300_{t-1}$，对应的滞后一期项为$\Delta lnCSI300_{t-2}$。

下面以比特币价格收益率和沪深300股票指数收益率为例，参照Capie et al.（2005）和Dyhrberg（2016a）的做法，在模型中加入了沪深300指数收益率的同期项和滞后项，可以考察同期与滞后一期变量对比特币收益率的影响。

图9是滞后7期的相关图与偏相关图。

Autocorrelation	Partial Correlation		AC	PAC	Q-Stat	Prob
		1	0.007	0.007	0.1012	0.750
		2	−0.091	−0.091	17.509	0.000
		3	−0.023	−0.022	18.660	0.000
		4	0.019	0.011	19.403	0.001
		5	0.088	0.084	32.629	0.000
		6	0.058	0.060	42.626	0.000
		7	−0.035	−0.019	45.148	0.000

图9　滞后7期相关图与偏相关图

通过对相关图和偏相关图的分析，可以知道应该建立一个AR（6）模型或MA（6）模型，下面建立AR（6）模型以消除线性依赖。方程的输出结果为：

$$\Delta \ln price_t=0.0021-0.0981\Delta \ln price_{t-2}+0.0857\Delta \ln price_{t-5}+0.0591\Delta \ln price_{t-6}-0.0017\Delta \ln CSI300_{t-1}-0.0340\Delta \ln CSI300_{t-2}+\varepsilon_t \quad (1)$$

同理，对债券市场和外汇市场的两条均值方程，采取同样的做法，输出结果分别是：

$$\Delta \ln price_t=0.0020-0.0979\Delta \ln price_{t-2}+0.0854\Delta \ln price_{t-5}+0.0598\Delta \ln price_{t-6}+0.9251\Delta \ln CBI_{t-1}+0.0079\Delta \ln CBI_{t-2}+\varepsilon_t \quad (2)$$

$$\Delta \ln price_t=0.0021-0.0970\Delta \ln price_{t-2}+0.0854\Delta \ln price_{t-5}+0.0590\Delta \ln price_{t-6}+0.8956\Delta \ln USDCNY_{t-1}-1.3567\Delta \ln USDCNY_{t-2}+\varepsilon_t \quad (3)$$

对这三条均值方程的残差序列再做检验，已经不存在自相关性，这里不再展示检验结果。

接下来，对上述三个均值方程的残差序列进行ARCH效应检验，1阶到4阶的ARCH效应检验结果如表4所示。

表4 ARCH效应检验结果

阶数	股票市场方程		债券市场方程		外汇市场方程	
	F-统计量	P值	F-统计量	P值	F-统计量	P值
1	114.0664	0.0000	113.7145	0.0000	113.3883	0.0000
2	75.0007	0.0000	74.8955	0.0000	74.6749	0.0000
3	52.1349	0.0000	52.2033	0.0000	52.0309	0.0000
4	38.0011	0.0000	38.0294	0.0000	37.9212	0.0000

检验结果显示，残差的平方存在自相关性，即模型存在明显的自回归条件异方差，适合建立GARCH类模型。

下面先进一步考察是否有必要建立ARCH-M类模型，即把σ_t项也加入到上述三个均值方程中。选择把条件标准差$\sqrt{\sigma_t^2}$项放在三个均值方程中分别建立一阶的GARCH-M、TARCH-M和EGARCH-M模型。条件标准差$\sqrt{\sigma_t^2}$项在三个均值方程中，系数都不显著，在10%的显著性水平下，我们认为，没有必要建立ARCH-M类模型。接下来，考虑建立一阶的GARCH、TARCH和EGARCH模型,为简单起见，我们直接将三类模型都进行试验，然后从中选择一个最优模型。通过对均值方程和方差方程的联合估计，并依照赤池信息准则（AIC准则）对模型进行多次试验并选择。由于GARCH和TARCH模型的方差方程系数不显著，我们选择EGARCH模型，EGARCH模型对数形式的条件方差方程为：

$$\ln\sigma_t^2=\alpha_0+\alpha_1(\varepsilon_{t-1}/\sigma_{t-1})+\gamma|\varepsilon_{t-1}/\sigma_{t-1}|+\beta_1\ln\sigma_{t-1}^2 \tag{4}$$

我们将（$\varepsilon_{t-1}/\sigma_{t-1}$）记为EARCH项，描述利好、利空的差异，表示非对称效应；$|\varepsilon_{t-1}/\sigma_{t-1}|$记为EARCH_a项，表示对称效应；$\ln\sigma_{t-1}^2$记为EGARCH项。

EGARCH模型的结果如表5所示。

表5 EGARCH模型结果

	变量	股票市场方程	债券市场方程	外汇市场方程
均值方程	$\Delta lnCSI300_{t-1}$	0.0023		
	$\Delta lnCSI300_{t-2}$	−0.0129		
	$\Delta lnCBI_{t-1}$		−0.1848	
	$\Delta lnCBI_{t-2}$		−0.5781	
	$\Delta lnUSDCNY_{t-1}$			0.6176**
	$\Delta lnUSDCNY_{t-2}$			−0.4596
	$\Delta lnprice_{t-1}$	−0.0576***	−0.0575***	−0.0564***
	$\Delta lnprice_{t-2}$	−0.0705***	−0.0721***	−0.0726***
	$\Delta lnprice_{t-6}$	0.0642***	0.0635***	0.0642***
	常数项	0.0018***	0.0017***	0.0017***
方差方程	EARCH项	0.0933**	0.0947**	0.0923**
	EARCH_a项	0.6360***	0.6486***	0.6337***
	EGARCH项	0.9715***	0.9716***	0.9718***
	常数项	−0.4139***	−0.4151***	−0.4126***

注：***、**、*分别代表检验结果在1%、5%、10%的水平下显著，表中不再展示t值或标准误差。

对建立的一阶EGARCH模型的残差序列进行ARCH效应检验，在滞后1阶至4阶的情况下，F统计量均不显著，此时模型已经不存在ARCH效应，较好地解决了异方差的问题。

从EGARCH模型的均值方程来看，沪深300指数和中债总净价指数收益率的系数都是不显著的，这可以看成比特币收益率与股票市场和债券市场的相关系数为0，按照前文的定义，比特币交易市场对我国股票市场和债券市场有弱对冲功能。我国习惯使用直接标价法，即一单位美元兑换多少单位人民币，来描述美元兑人民币汇率，站在中国市场的角度，汇率值升高，代表的是人民币的贬值，外汇汇率的升降和本国货币的价值变化呈反向关系。对于外汇市场，滞后一期的美元兑人民币汇率收益率对比特币收益率的影响不显著，但同期的美元兑人民币汇率收益率显著地影响了比特币的收益率。系数的符号为正，说明汇率值上升，即人民币贬值时，对比特币收益率有正向影响，表明比特币有较强的对冲人民币贬值风险的能力。同时，也可以看出，这种强对冲作用是非常短期的，对滞后一期的对冲作用就变成了弱对冲。比特币收益率变动与股市、债市和外汇市场行情有着不相关或反向的关系，这说明比特币可成为黄金之后的典型对冲资产，成为资产组合管理中的一种重要的对冲工具。另外，所有的比特币收益率滞后项都是非常显著的，但系数相对并不大，这说明前期的比特币收益率对当前的收益率是有影响的，滞后一期和滞后二期的收益率对当期的影响都是负的。

从EGARCH模型的方差方程来看，结果出乎意料，与很多资本市场的情况不同。EARCH项表示非对称效应，系数为正，且是显著的，说明存在杠杆效应，好消息（指 $\varepsilon_{t-1}>0$，即比特币价格预期之外的增长，同理，坏消息指 $\varepsilon_{t-1}<0$，预期之外的价格下跌）的作用更大一些，正的冲击会比负的冲击带来更大的波动。三个方程中EARCH项系数约为EARCH a项系数的15%，说明非对称效应会带来一定程度的差异。当出现利好消息时，ε_{t-1}大于零，条件方差的对数受到非对称性和对称性效应的影响，系数在三个市场分别为0.7293、0.7433、0.7260；当出现利空消息时，ε_{t-1}小于零，条件方差的对数受到非对称性和对称性效应的影响，系数在三个市场分别为0.5427、0.5539、0.5414。正向冲击发生时，较高的波动率意味着市场对好消息的分歧比较大，多空博弈激烈；负向冲击发生时，较低的波动率意味着市场对坏消息的看法相对一致，在收益率下跌过程中没有太多的反弹。

多数情况下，投资者对收益率意外下跌的反应往往会高于对相同程度下收益率意外上涨的反应，也就是说，收益率预期之外的下跌对市场的影响程度更大，即波动率对负向冲击的反应更大。但查阅相关文献发现，郑秀田（2009）在研究我国黄金市场的波动特征时，也发现与本文类似的现象，我国黄金市场也存在着非对称性效应，正向冲击比负向冲击更容易增加我国黄金市场的波动。这不是一个偶然结果，Capie et al.（2005）在研究黄金美元价格与美元汇率之间的关系时，采用此前33年的数据，也有同样的结论，表征不对称性的EARCH项的系数为正，说明好消息对条件方差有较大的影响。这也从某个侧面反映出比特币与黄金的相似性。

四、结论与建议

本文通过构建EGARCH模型，得出了以下结论：中国比特币交易市场对同期的外汇市场风险有强对冲功能，而对于滞后一期的外汇市场风险以及对于股票、债券市场的风险，比特币都表现出弱对冲功能。比特币收益率还受到自身滞后一期和滞后两期收益率的负向的影响。同时，实证也发现，比特币收益率波动存在不对称性，正的冲击会比负的冲击带来更大的波动。

对于投资者来说，在风险可承受的范围内，可以将比特币纳入自己的资产选择中，因为比特币呈现出许多与传统资产不同的特性，可以对冲部分传统金融市场的风险。不同于多数交易所的资产只在周一至周五进行交易，比特币是24 × 7无间断交易的，在夜间和周六、周日也照常进行连续频繁的交易，这让比特币在对晚间和周末发布的利空消息的对冲中，显得尤为重要。比特币还具有黄金等贵金属不具备的优势，比如保管与携带几乎无成本，可以准确分割组合，不易耗损，难以伪造等。当我们对未来进行谋篇布局，对冲不确定性时，可以考虑将比特币作为一种对冲工具。预期传统金融市场行情下跌时，可买入比特币，但统计意义上的显著并不表明短期人民币贬值，比特币价格就一定上升，比特币的流动性也远不如传统资产，投资者需注意比特币的投资风险，不宜盲目跟随。

对于比特币交易平台来说，实证得到的中国比特币交易市场具有风险对冲功能这样的结论，给比特币交易市场的宣传提供了一个创新点，现实市场的数据会更有说服力。各平台可在各自的官方网站上向投资者宣传比特币投资的优势，有利于投资者对比特币产生认同感和投资信心，从而有利于提升比特币的市场深度，但各平台要明确自身的责任，不能走入监管禁区，坚决杜绝洗钱等非法交易。各平台也可考虑联合比特币创业公司，牵头成立行业协会组织，弥补法律地位和信用缺失，统一的组织也可定期评估交易平台的安全性，定期评估比特币市场与其他市场的关联程度，因为过往的研究表明资产的对冲能力可能具有时变性。

对于监管机构来说，研究中国比特币交易市场的风险对冲功能等相关内容，有利于监管层重新认识比特币，让比特币发挥出最大的作用，也有利于正确看待比特币与传统金融市场的关联。我国比特币在研究领域及学术上的领先，也需要舆论和政策的支持。虽然比特币给现有的货币体系和金融体系带来挑战，但不可否认比特币出现之后，满足了人们对于数字货币的想象，比特币的底层技术区块链更是得到现实应用，人民银行也顺应趋势，考虑发布中心化的数字货币。我国应争取在比特币和区块链经济中发挥主导作用，建设一种谨慎而又宽松的监管环境让这两种技术快速发展，可部分借鉴国外的比特币监管机制与立法。时机成熟时，允许符合一定标准的比特币交易平台申请成为交易所，以中间机构的作用来尽可能地消除比特币匿名性带来的隐患，加强反洗钱管理，让比特币市场在适当的监管下健康有序地发展。

参考文献

[1] 陈云，陈浪南，林鲁东 . 人民币汇率与股票市场波动溢出效应研究 [J]. 管理科学，2009(3):104–112.

[2] 郭彦峰，黄登仕，魏宇 . 人民币汇率形成机制改革后的股价和汇率相关性研究 [J]. 管理学报，2008(1):49–53.

[3] 胡秋灵，马丽 . 我国股票市场和债券市场波动溢出效应分析 [J]. 金融研究，2011(10):198–206.

[4] 袁晨，傅强，彭选华 . 我国股票与债券、黄金间的资产组合功能研究——基于 DCC–MVGARCH 模型的动态相关性分析 [J]. 数理统计与管理，2014(4):714–723.

[5] 郑秀田 . 基于 GARCH 类模型的我国黄金市场波动特征研究 [J]. 中国物价，2009(10):24–27.

[6]Baur D G, Lucey B M. 2010. "Is gold a hedge or a safe haven? An analysis of stocks, bonds and gold." *Financial Review* 45(2):217–229.

[7]Bouri E, Gupta R, Tiwari A K, et al. 2017a. "Does Bitcoin hedge global uncertainty? Evidence from wavelet–based quantile–in–quantile regressions." *Finance Research Letters*.

[8]Bouri E, Jalkh N, Moln á r P, et al. 2017b. "Bitcoin for energy commodities before and after the December 2013 crash: diversifier, hedge or safe haven?" *Applied Economics* 1–11.

[9]Bouri E, Moln á r P, Azzi G, et al. 2017c. "On the hedge and safe haven properties of Bitcoin: Is it really more than a diversifier?" *Finance Research Letters* 20:192–198.

[10]Bri è re M, Oosterlinck K, and Szafarz A. 2015. "Virtual currency, tangible return: Portfolio diversification with bitcoin." *Journal of Asset Management* 16(6):365–373.

[11]Capie F, Mills T C, and Wood G. 2005. "Gold as a hedge against the dollar." *Journal of International Financial Markets, Institutions and Money* 15(4):343–352.

[12]Dyhrberg A H. 2016a. "Hedging capabilities of bitcoin. Is it the virtual gold?" *Finance Research Letters* 16:139–144.

[13]Dyhrberg A H. 2016b. "Bitcoin, gold and the dollar–A GARCH volatility analysis."

Finance Research Letters 16:85−92.

[14]Hirayama K, Tsutsui Y. 1998. "Threshold effect in international linkage of stock prices." *Japan and the World Economy* 10(4):441−453.

[15]Jeon B N, VONFURSTENBERG G M. 1990. "Growing international co−movement in stock−price indexes." *Quarterly Review of Economics and Business* 30(3):15−30.

[16]Ratner M, Chiu C C J. 2013. "Hedging stock sector risk with credit default swaps." *International Review of Financial Analysis* 30:18−25.

技术力将成为未来金融机构的核心竞争力
——以花旗银行为例*

● 陈珠明[**]

摘　要 传统金融机构的核心竞争力是牌照和社会资源，而未来的金融机构的核心竞争力是技术，技术公司拥有某种核心金融科技（FinTech），即可从事金融工作。当经营规模大到一定程度，监管机构不得不授予其牌照，从而变迁为正规金融机构。传统金融机构所依赖的牌照及社会资源也因为使用大数据、云计算等金融科技而变成非核心能力。本文以花旗银行转型为技术公司为例，论证了未来金融机构如何以技术为核心竞争力。中国金融机构必须成为技术的创造者、领导者和所有者，而不仅仅是使用者。

关键词 技术力；传统金融机构；花旗银行；金融科技；牌照与社会资源

一、引言

传统金融机构的核心竞争力是牌照和社会资源，而不是技术。技术对传统金融机构而言是工具，金融机构只是技术的使用者，而很少成为某些技术的创造者、拥有者、

* 本研究由中山大学高级金融研究院资助（531—541009）。特此致谢！

** 陈珠明，中山大学管理学院教授。主要研究方向为金融投资、商业银行管理、风险投资。chenzhuming@vip.sina.com。

领导者，虽然它们也宣称自己拥有某些专利。因此，长期以来，技术部门被称为“后台”，它们不直接面对市场。移动互联网、云计算、大数据、搜索引擎、区块链等金融科技 (FinTech)的发展，使大量的科技企业直接切入到传统壁垒森严的金融行业，甚至颠覆传统金融机构的商业模式。当他们经营到一定规模时，监管部门不得不给他们颁发牌照，从而变成正规的金融机构。 2017年3月，美国货币监理署 (OCC)发布了向金融科技企业发放银行牌照的草案《评估来自金融科技企业的申请》，是金融科技企业攻入传统壁垒高筑的金融行业的突破性信号。此次发布的评估章程主要介绍了特殊目的国家银行（Special Purpose National Bank），以及特殊目的国家银行牌照的申请信息。

技术将从后台走向前台，成为日常经营的基本生态环境。传统金融机构首先靠行政力取得牌照，获取经营的资格。客户经理长期依赖社会资源，通过调研，研究客户财务、销售、管理等资料挖掘有效信息，但还会面临严重的信息不对称问题。大数据、云计算和移动互联网等金融科技可帮助客户经理最大限度地减少信息不对称，实现精准营销。因此未来的金融机构可能需要重新定义，未来的客户经理的知识结构需要重构，而未来金融机构的商业模式也将重塑，它们的核心竞争力就是“技术力”。技术力是金融科技企业为客户持续创造价值的动力源泉。

二、花旗银行的金融科技战略

花旗银行的研究人员预测，未来10年，金融科技革新将使传统银行的雇员人数减少三分之一左右。花旗银行个人消费金融业务负责人Stephen Bird 将银行现在所处的阶段表述为“灭绝阶段”，在这个阶段，要么迅速适应并创造新的竞争力，要么就走向灭亡。而花旗银行正在为生存而战。未来的银行是什么样的呢?

埃森哲公司认为，未来的银行应该是全时银行（Everyday Bank）。

通过利用颠覆性技术，全时银行提供完整的客户解决方案，推动银行与客户之间持续进行日常互动，满足客户日常需求和重大生活、业务活动需求的全方位功能性银行。银行通过彻底转型，重塑自身形象，不仅成为价值的聚合枢纽，而且身兼咨询提供者和接入服务者等多种角色。通过建构出一个完善的数字生态系统，银行能够将现有的服务合作伙伴与其他重要机构结合在一起，不断拓展数字联系，并建立起公平的价值分享机制。

因此，未来的银行将成为咨询提供者、价值聚合枢纽、接入服务者和产品创新者等多种角色。

我们从花旗银行的金融科技战略、组织、人才等角度全面解读花旗银行面对金融科技的冲击，变迁为全时银行的过程。

（一）发展历程

一直以来，花旗银行的核心竞争力是创新，以创新领先同行业。2008年美债危机后，花旗银行被迫兼并重组。金融危机过后，花旗银行立即提出：回归创新。随后成立了全球创新委员会，该委员会由各业务线、国家和地区、关键部门的高级领导组成，主要职能是在全行范围内对创新项目进行优先排序和管理，并由花旗CEO、CIO和CTO共同领导创新。

（二）“数字化”战略

花旗银行提出了六大创新方向：数据货币化、大数据、移动互联、安全和验证、信息技术、下一代银行和金融服务。制定创新战略，将其纳入全行战略，并给予专项创新预算。花旗银行采取了“去中心化”的方法来应对互联网金融以及金融科技（Fintech）带来的冲击。

花旗银行的每个部门都可以制定自己的战略决策和预算来应对金融科技的挑战。方式也多种多样，可以采取与金融科技公司合作研发的方式，也可以自己研发技术。与此同时，花旗银行还投资了许多金融创业公司，并成立了专门的产业基金及花旗创投做VC端投资。而这些投资协议几乎全部由各个分支的业务机构进行负责，以求在组织模式上达到多方发展的去中心化战略。

数字化战略有三个核心支柱：

其一，以客户为中心。

在个人业务方面，花旗集团开发了一个“花旗银行快车”（Citibank Express）系统，也称“盒子银行”（bank in a box）系统。客户可以在“盒子银行”办理几乎所有在传统营业网点办理的业务。在公司业务方面，交易员的所有需求都可以整合到“花旗速度”（Citi Velocity）移动交易平台，包括数据流、研究、协作和实时交易功能等，其特点是多屏显示和网页内容显示零时间等候。在花旗银行卡业务方面，其在线支付的增长速度是传统“刷卡—支付”交易方式的两倍。在向用户提供良好的体验方面，数字化使交易互动变得更加便利和安全。

其二，全球适用性。

充分依托花旗银行的全球经验与遍布全球的营业设施为跨国公司客户提供一站式解决方案。其面临的一个巨大挑战是如何确保众多产品和相关系统具有全球适用性。

其三，数字化合作伙伴。

花旗银行一直积极与客户沟通合作，开发新的数字化功能，以满足客户的特定需求，以此来扩展业务的深度和广度。比如，通过与美洲电信（America Movil）合作，在墨西哥开发了“转账”（Transfer）移动支付平台，这个移动支付平台类似国内的支付宝移动支付平台，拓展了使用群体范围，包括那些没有银行账户的群体。

（三）组织与人力分析

1. 组织创新

花旗银行的这些创新项目依照其不同性质，由不同的组织机构进行分类管理（如图1所示）。

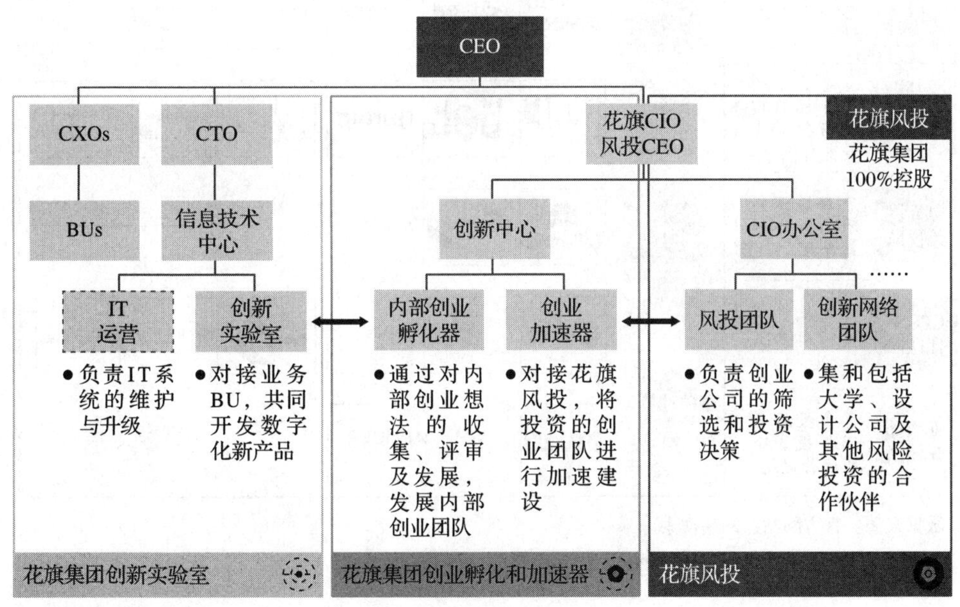

数据来源：麦肯锡；网站搜索。

图1　花旗银行的组织创新

创业孵化器，以包容试错的文化服务于颠覆式创新。创业孵化器由CIO和风投CEO领导的创新中心直接管理，针对那些最有可能重塑市场游戏规则的重大业务模式创新题材，组建跨部门创业团队进行孵化。对孵化项目采取风投式的管理，即给予一定的项目启动资金，项目团队可不断努力探索试错，直至资金耗尽；而在团队探索的过程中，有外部专家团队对其进行支持辅导，加速孵化过程。同时，为更好地布局未来的颠覆式创新，花旗集团借助以下两个机构进行创新布局并对内加速成果对接。

创新实验室，服务于渐进式创新，大幅提高创新效率。该实验室由CTO领导的信息技术中心直接管理，包括由IT和业务团队组成混合小组，进行产品的数字化创新和业务流程的数字化改造。项目团队以敏捷开发的方式进行，持续测试和迭代，极大地提高了创新效率，一个新的数字化产品或流程改造在3～6个月的时间内即可上线。

花旗风投，进行创新布局。紧密关注与自身创新发展密切相关的四大领域，即大数据与分析、电商与支付、金融科技、安全与企业IT，进行创业公司的筛选和投资（如图2所示）。

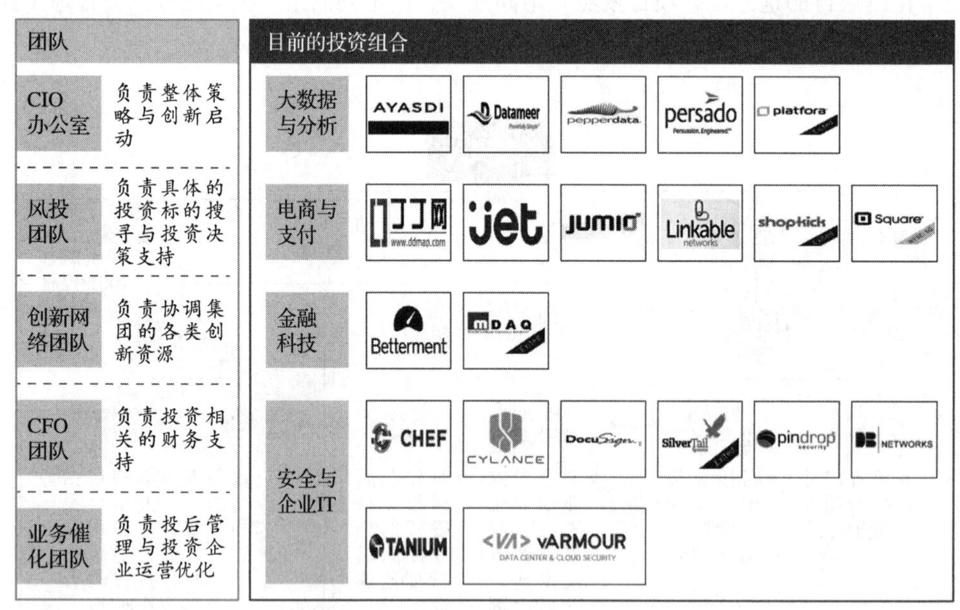

数据来源：官方网站；网站搜索。

图2 花旗风投的团队与投资组合

同时，在风投中专门成立网络创新团队，与大学、设计公司和其他风投合作伙伴保持良好、紧密的沟通互动，时刻掌握学界和业界的前沿动态焦点，敏锐地发现新的创新和增长机会，并广泛吸纳人才。花旗风投的战略投资部领导团队皆来自Ripple Labs以及Foundation Capital等一流初创企业或风投团队。

创业加速器，推动被投资企业的创新成果为花旗集团所用。加速器和孵化器归CIO和风投CEO下辖的创新中心管理。加速器帮助被投资企业和花旗集团内部相关业务部门快速对接，通过专家辅导等多种形式协助被投资企业加速成果产出，使花旗集团能早日应用其成果。

花旗集团的创新点子从员工中征集而来，提出想法的员工可以加入创新项目组，全职投入到项目中来。项目实施期间，他们的薪水仍由原部门承担，但考核完全由项目经理依据其在项目中的表现进行评估。项目结束后，若颠覆式创新项目成果促成了一个全新的组织，项目团队可以作为初创团队继续在新组织中工作，也可选择回到原来的工作岗位。而如果一些颠覆式创新项目最后以失败告终，项目团队成员仍可返回到原工作岗位，薪酬也不会受到任何影响，这种灵活而宽容的机制极大地鼓励了员工主动尝试颠覆式创新。

2. 组织创新成效

花旗银行通过PC端或移动端平台来办理业务的客户占46%，略高于同行45%的平均水平。而在花旗银行个人消费金融产品的销量中，移动端平台的销量约占36%，远高于同行15%的平均水平。在过去短短的一年中，花旗银行的移动用户量增长了近26%。目前，该战略在技术创新方面一直处于领先地位。

3. 人力分析

花旗银行组建了花旗金融科技中心（Citi FinTech），是由各领域专业人才与传统银行各部门经验丰富的业内专家组成。具体来看，其成员都是从花旗集团的各个部门以及像亚马逊和PayPal这样的技术公司挖掘的专业人才。

（四）利用数据挖掘技术，花旗银行向全时银行演进

传统的数据处理技术主要是分析和综合结构化数据。所谓结构化数据，是指用二维表结构来逻辑表达实现的数据。而花旗银行零售业务产生的大量数据包含结构化、半结构化和非结构化数据，所谓非结构化数据，是指包含所有格式的文档文本、图片、各类报表、图像、音频及视频、超媒体等信息数据。半结构化是介于结构化和非

结构化之间的数据。传统的数据分析技术难以处理这些半结构化和非结构化的数据，利用数据挖掘技术可以很好地处理这个问题。随着互联网金融的不断深化，花旗银行通过整合银行内部各部门的数据，综合外部社交媒体和电商企业等社会化的数据，从战略高度建立了银行零售业务的大数据分析平台，大大提升了数据分析处理能力，促进了客户的精细化管理和精准营销，提升了银行价值，这对推动花旗银行的转型升级有重大意义。

银行零售业务，主要是面向个体消费者，其涉及的客户数量大、业务种类多，客户交易行为频繁，产生大量的信息数据，涉及客户行为的各方面，包括客户的性别、年龄、职业、受教育程度、资产状况、交易时间、交易类型及消费偏好。随着金融科技的不断发展和金融技术的不断更新，这些数据将储存到银行的大数据分析平台，形成客户的详细的电子名片。同时花旗银行以积极创新的思维，充分利用外部资源，积极与社交媒体、电商企业等大数据平台合作，在整合自身内部数据的基础上，积极建立与网络媒体的数据共享机制，以获取更多消费者的有关信息。具体来说，一方面，花旗银行充分利用Facebook、Twitter等社交网络平台获取相关信息，进而增强与客户的互动联系，提升客户体验，打造智能化的银行品牌形象，维护良好的客户关系，提升银行价值；另一方面，积极与互联网金融企业合作，以弥补自身在网络化上的不足。花旗银行与电商平台等互联网企业合作，实现数据信息的共享互利，为金融服务与电商服务的融合带来便利。

总之，花旗银行通过将内外部数据进行有效整合，形成更加完整的客户图像，促进客户管理的精细化与销售的精准化，正在向全时银行演进。显然，花旗银行不仅是科技金融的使用者，而是创造者、领导者、拥有者，最后才是使用者。

三、结论与启示

从花旗银行的战略不难看出，花旗银行不是简单的应用金融科技，而是希望在整个过程中扮演领导者角色。中国的移动互联网技术高度发达，为移动互联网金融的发展提供了坚实的技术基础。但与以往不同的是，现今的移动互联网企业，如果拥有某些特殊的金融技术，它们自己就可能成为金融机构，而变成传统金融机构的竞争对手。如阿里、腾讯、百度、京东等直接变迁为金融机构，且是全牌照的。它们成为传统金融机构的革命者。技术力成为移动互联网企业金融化的核心竞争力。目前传统金融机构还仅停留在金融科技使用者的阶段。要想在此次金融科技冲击中成功升级，应该向花旗银行学习，以开放的思维，成为金融科技的创造者、领导者、拥有者和使用者。

参考文献

[1] 埃森哲 . 全时银行：数字时代的新愿景 [M]. 2014.

[2] 陈明珠，朱恒，郭倩雯 . 移动互联网金融组织创新研究 [R]. 第十四届金融系统工程与风险管理国际学术年会（FSERM' 2016）, 2016.

[3] 麦肯锡 . 金融科技全面冲击银行业及银行的应对策略 [M]. 2016.

[4] 麦肯锡 . 引领创新，中国的银行准备好了吗？ [M]. 2016.

[5] 花旗银行 . FinTech 是怎么把银行业逼向引爆点的 [R]. 2016.

[6]Citi GPS. 2016. "Global Perspectives & Solutions, DIGITAL DISRUPTION——How FinTech is Forcing Banking to a Tipping Point." March.

融资杠杆风险的计算实验分析

●韦立坚*

摘　要　投资者非理性的技术分析策略和追逐热点的资产配置行为是导致股票市场出现泡沫和泡沫破灭的根本原因。因此在投资者非理性的行为条件下，融资杠杆对泡沫的形成和破灭都起到了推波助澜的作用，而高融资杠杆会引致流动性踩踏危机。通过计算机模拟的计算实验分析发现，在1倍融资杠杆条件下，在泡沫破灭时出现小部分投资者被强行平仓，但是幅度不大，因此1倍杠杆融资的总体风险是可控的；同时发现在1倍杠杆条件下，降低融资门槛至原来的50%，允许更多投资者融资时，强行平仓人数并没有显著上升，风险仍然可控。但提高到2倍融资杠杆时，市场出现了连续的大面积强行平仓，引致了流动性踩踏危机，风险不可控。因此，在我国投资者非理性行为主导市场的条件下需要保持1倍的低融资杠杆；但因为融资门槛与投资者非理性行为不存在线性关系，在投资者有一定的风险承受能力下可以适当降低融资门槛。

关键词　融资杠杆；流动性踩踏；异常波动；计算实验

* 韦立坚，中山大学管理学院助理教授、硕士生导师，中山大学高级金融研究院成员，主要研究方向为金融市场微观结构、计算实验与金融科技。weilj5@mail.sysu.edu.cn。

2015年的中国股市异常波动折射出我国金融安全面临的巨大挑战。如何阐明异常波动的机理并建立长效应对机制来消除其后续负面影响、为恢复股市健康的资金配置和流动性发挥作用，是保障国家金融安全和推动股市稳定发展的当务之急。众所周知，2015年股市异常波动与融资杠杆有非常密切的关联：《中国经营报》曾报道，异常波动前夕，杠杆资金存量约四万亿（其中1倍杠杆率的合规融资融券约2万亿元、其余为杠杆率最高可达10倍的违规场外配资）。业界普遍认为，高杠杆融资是造成2015年股市异常波动的罪魁祸首。然而，融资杠杆到底如何引致异常波动，从而出现千股连续暴跌，市场流动性枯竭的现象？这一问题尚缺乏清晰的科学阐述。本文试图弥补这一空白并提出对融资业务的发展建议，推动股市健康发展。

融资业务具有杠杆交易的特性[①]，各种潜在影响均会被市场放大，从业务上，常见的风险主要体现在：一是客户爆仓风险，即平仓后仍然无法偿清对证券公司的负债，形成对证券公司的欠款；二是客户融资可能会增加市场泡沫或加大市场波动。更为重要的是，在市场泡沫破灭或大幅下跌时，客户被强行平仓，需要把所有股票全部卖出，如果有大量客户被强行平仓，则会导致市场大部分股票大幅度下跌，从而造成指数大幅下跌；在此过程中，很可能又引发其他客户被强行平仓，造成连锁反应并恶性循环，尤其是在采用连续竞价的订单簿撮合市场中，在涨跌幅限制下，个股普遍出现连续跌停的情况，市场流动性大幅缺失，这种风险称之为流动性踩踏危机。但是基于市场历史数据考察指数大幅度回调的静态压力测试，并不能够刻画强行平仓引发的多波连锁反应，因而也就无法分析流动性踩踏危机。

一个有效的方法是运用新兴的计算实验金融进行模拟实验分析。计算实验金融是指构建出符合真实市场特性的人工金融市场，通过多智能体的计算模拟对金融问题进行实验分析，并提供相应的科学解释和政策建议。计算实验方法是近十年来被国际学术界（如*Nature*，*Science*等顶尖期刊）推崇用来研究复杂金融经济系统的新兴科学方法[②]，也是当前金融科技（FinTech）的研究热点之一。人工金融市场包括虚拟投资者、虚拟交易所、外部环境等要素，这些要素的特征和参数都根据真实市场的分析来

---

①由于我国融资融券的业务极其不平衡，融券业务占比很小，因此本文暂时先考虑融资杠杆的风险，融券业务的风险在后续研究中继续进行分析。

②请参考 Buchanan (2009)，Farmer 和 Foley (2009)，Battiston、Farmer and Flache, et al.（2016）。

确定。通过比较不同要素的参数设定，例如投资者的融资杠杆参数，就可以运用可受控的对比实验分析这些参数的变化对整个市场的影响。通过实验运行的观察和模拟数据的分析，就可以剖析融资杠杆对市场的影响机理。

笔者及其合作者完成的学术论文“股市流动性踩踏危机的形成机理与应对机制”发表在《管理科学学报》2017年第3期[①]，对2015年股灾的形成机理与应对机制提出了科学解释和政策建议。该论文发现2015年股市异常波动中的流动性踩踏危机在本质上是由市场的过度非理性行为、超高融资杠杆、市场交易机制缺陷三者相互作用所引致。其中投资者过度非理性行为是造成异常波动的基础因素，高杠杆融资及其强行平仓的单一风控手段触发了流动性踩踏危机，市场交易制度的局限性阻碍了异常波动时的流动性提供意愿。最后，该论文提出以优化交易机制为解决流动性踩踏危机的主要抓手，建立紧急做市商制度和用大宗交易系统收购强行平仓头寸等长效应对机制。本文在韦立坚、张维和熊熊（2017）模型的基础上，用业届人士更加熟悉的实验“情景”和更通俗的语言，用不同的参数重现了该模型的结果。本文的主要贡献是发现在1倍低杠杆条件下，将融资门槛降低50%并不会导致流动性踩踏危机。这是因为由于投资者非理性是造成泡沫崩盘的根本原因，但融资门槛与投资者非理性并不存在线性关系，因此适当降低融资门槛并加剧市场的异常波动并不会引发流动性踩踏。

一、融资杠杆的计算实验模型描述

（一）资产设置

设计3只股票和1个指数。3只股票分为高波动的小盘股，对应创业板市场；较高波动的中盘股，对应中小板市场；低波动的大盘股，对应主板市场；以下简称创业板股

[①]请参考韦立坚、张维和熊熊（2017），该文是第一个分析2015年股市异常波动的理论模型，其研究始于2015年4月在中证资本市场运行统计监测中心（中证监测）开展的“融资融券杠杆风险专项研究”课题，在2015年6月27日获得了实验结果，并于2015年7月9日在中证监测做了专题报告。该文为2015年8月第13届金融系统工程暨金融风险管理国际会议、2015年10月第12届中国金融学年会的大会主题报告，在与会学者和业界人士中引起了强烈反响和广泛讨论。并获2015年第13届全国青年管理科学与系统科学学术会议、第4届应急管理科学家论坛与金融风险管理论坛的优秀论文奖。本文基于该论文的模型，修改自2015年7月提交给中证监测的研究报告。

票、中小板股票和主板股票。设计1个指数，根据沪深300的指数编制规则由3只股票的价格运行生成，指数基期设为3000点。限于计算能力，虚拟市场投资者人数设为6000人， 根据投资者总人数设置总股本，创业板股票总股数为6万手（人均10手），初始价格为50元；中小板股票总股数设为18万手（人均30手），初始价格为30元；主板股票总股数设为90万手（人均150手），初始价格为10元。虚拟市场中各股票的总股数保持不变。个股的基本面价值波动服从均值等于初始价格的随机波动过程。

（二）市场交易制度设定

基本交易制度与沪深股市一致，采用连续竞价的订单簿撮合机制，虚拟投资者可以选择限价订单和市价订单，订单簿每日清空。涨跌幅设置为10%，最小报价单位为1分钱。每天交易4个小时即240分钟。

（三）融资杠杆设定

正常的融资融券杠杆设定为1倍，担保品折算率为0.8，强行平仓线为投资者担保品的比例不得低于125%。同时考虑市场存在违规的场外配资和伞型信托等高杠杆融资，将高杠杆融资的杠杆设定为3～8倍。可以参与正常融资的投资者占绝大多数（实验设置为98%和95%）且需要满足较高的净资产门槛，按照中证金融的数据，净资产50万元以上的投资者约占30%，即融资门槛设置为初始财富30%的分位数，当市场价格走高时，会有更多的投资者能够参与融资业务。

（四）虚拟投资者行为设定

1. 虚拟投资者的价格预测

我国投资者存在着大量非理性行为，如深交所的2015年个人投资者访谈调查数据表明投资者结构仍以中小投资者为主，投资风格主要为短线交易投资者（占26.1%）、趋势投资者（占23.9%）和“部分资金长期投资、部分资金短线交易”投资者（占22.2%）。因此假设投资者的价格预测包括基本面策略（反映长期投资和理性）与技术面策略（反映趋势交易和短线交易），基本面策略是虚拟投资者根据观察到的基本面价值并结合市场的外部信息来确定，外部信息的利好和利空信号平均各占50%，信号随机发生其服从均匀分布。由于每个人对外部信息的判断有分歧，因此投资者对基本面的判断存在一定分歧和误差，并不能精确预测未来市场的基本价值。技术面策略是根据均线技术分析策略，即虚拟投资者用短期移动平均线和长期移动平均线来做预测，例如根据5日均线超越10日均线的幅度来预测未来走势。投资者在基本面策略和技术面策略的权重随机分配（平均而言，基本面策略占比大）。

2. 虚拟投资者的资产配置

根据我国投资者喜欢追逐题材和热点的特征，投资者分配在个股的资金量权重由该股票过去一天的涨跌幅度来确定，过去一天涨得越多的股票，分配的资金量比重越大。与传统基于均值方差的理性的最优投资组合理论不同，这是一种非理性的适应性转换的资产配置方式，可以简称为追逐热点资产配置。投资者分配资金时的资金总量包括自有资金和融资资金。

3. 虚拟投资者的下单决策

投资者的下单根据预测价格和当前买卖订单簿的报价以及预定利润点和预设止损点确定。预定利润点和止损点与投资者的投资期限正相关，投资期限取决于投资者基本面策略权重与技术面策略权重的比值，基本面策略权重越大，投资期限越长。当投资者的预测价格比当前的买入价格高于预定利润点（如20%）时，投资者才会买入，买入价格设定为预测价格折算预定例如部分，如预测价格为15元，预定利润为20%，则买入价格设为15×（1–20%）=12元，然后买入价格对比当前最优卖价，低于最优卖价则为限价买入订单，高于或等于当前最优卖价则为市价买入。投资者卖出分为两种情况，第一种正常卖出，即预测价格会下跌到止损价格，则卖出；如果预定利润价高于涨停价，则市价卖出止损；如果预定利润价低于当天涨停价，则卖价设定为预定利润价但不低于跌停价；卖价如果低于或等于最优买价，则为市价卖出，如果高于最优买价，则限价卖出。第二种卖出情况是当投资者融资担保品比例低于125%时，被强行平仓，采用市价卖出所有股票还款。

4. 虚拟投资者人数及财富结构设置

虚拟投资者总人数共设定为6000人并保持不变。投资者采用中国证券金融公司的账户统计数据，净资产小于50万元的投资者占70%（初始不能融资），初始占总市值的4%；净资产大于50万元但小于1000万元的投资者占28%，可以融资，初始占总市值27%；净资产大于1000万元的投资者占2%，净资产占总市值的69%。考虑到人工金融市场运行中会有虚拟投资者亏损到损失所有财富，此时重新将该虚拟投资者财富设置为初始状态（相当于旧的亏损破产虚拟投资者退出，新的虚拟投资者进入）。

（五）模拟实验设置

一共进行4组实验。第1组实验为1倍融资杠杆实验作为基准实验。第2组实验无融资杠杆对比实验，与1倍融资杠杆实验比较可以分析造成市场泡沫与大跌的根本原因。第3组实验为降低融资门槛的实验，即将达到投资者可进行融资的净资产门槛将为原来的50%（如从50万元降为25万元）。第4组实验为2倍融资杠杆实验。

二、融资杠杆的风险分析

（一）1倍融资杠杆总体风险可控

首先针对基准实验1即1倍杠杆融资的实验结果进行分析。从图1的指数可以看到，在投资的非理性行为影响下，创业板股票和中小板股票生成了较大的泡沫，大盘股缓慢上升。图2显示指数总体迅速走高。在上升过程中，存在突然急跌导致少量融资账户被强行平仓，但占比较少，未引发流动性踩踏。

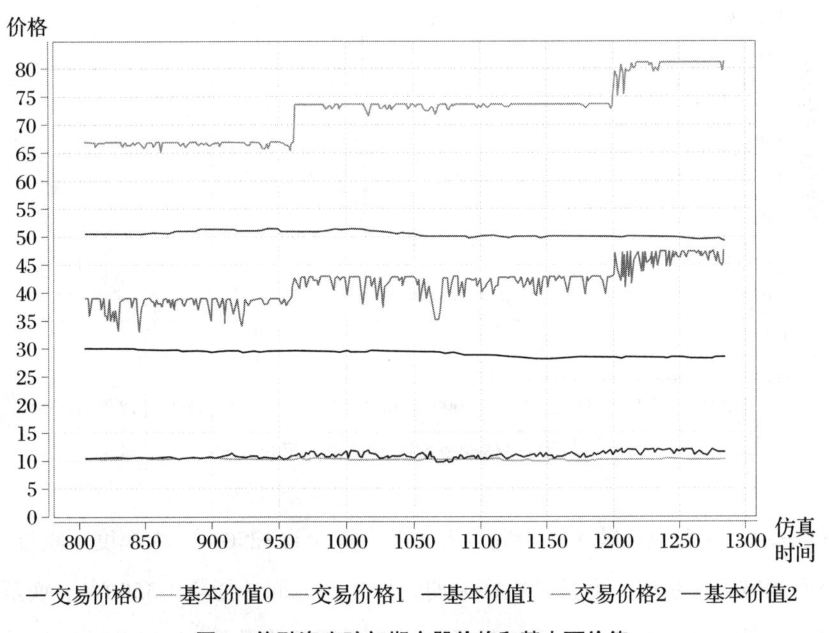

图1 1倍融资实验初期个股价格和基本面价值

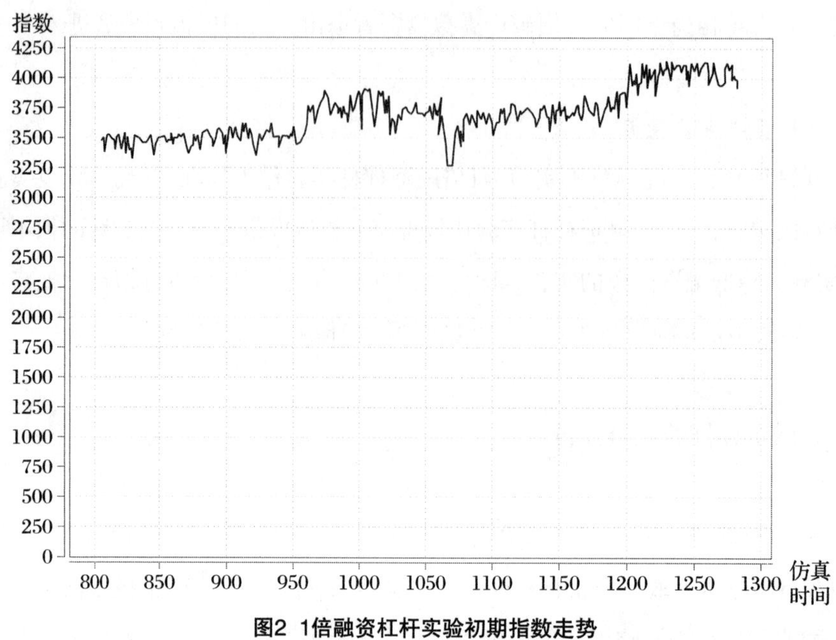

图2 1倍融资杠杆实验初期指数走势

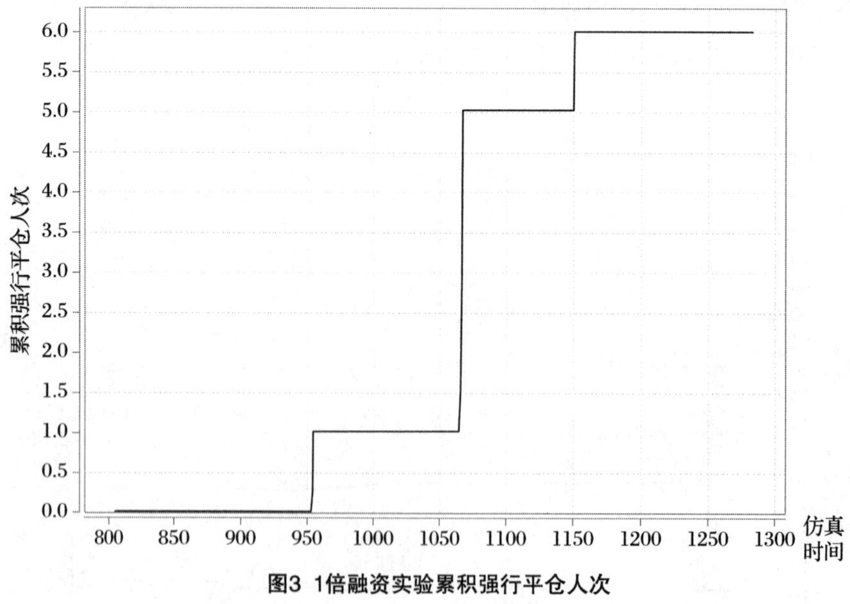

图3 1倍融资实验累积强行平仓人次

图4显示，随着泡沫破灭，指数从近4000点跌至近3250点，大幅度下跌近750点，在这个泡沫破灭过程中，尤其是在1900期到1950期之间，指数由3500点下跌至3250点的过程中，强行平仓人次上升近100人次。此时总融资人数达2650人左右，因此强行平

仓人次占总人数的比例约为3.77%，比例较低。随后的大幅震荡，特别是2150期后的急跌令强行平仓人数在此增加近50人次，占总融资人数的1.89%。以上表明，在泡沫破灭和市场急跌过程中，强行平仓人数出现迅速增加现象，但是占总融资人数比例较低，因此市场并没有发生流动性踩踏。

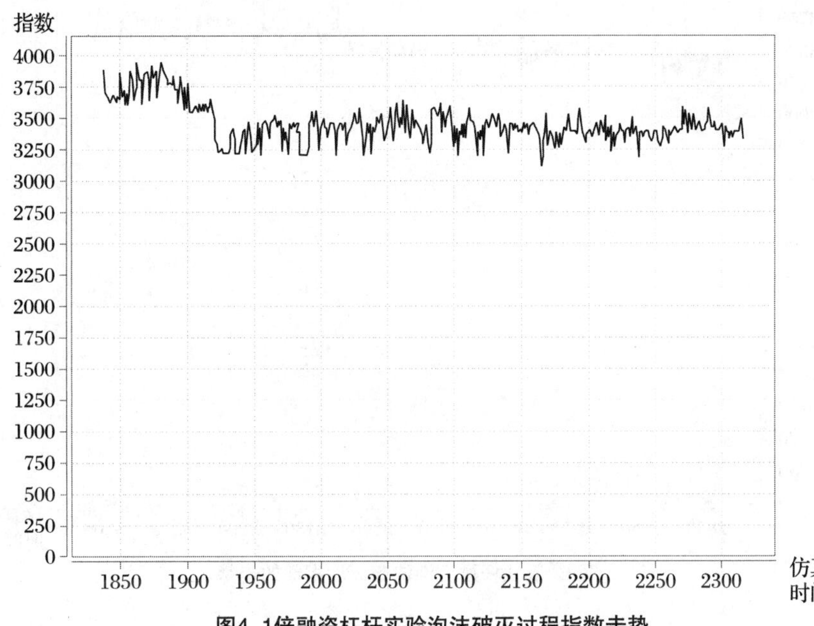

图4 1倍融资杠杆实验泡沫破灭过程指数走势

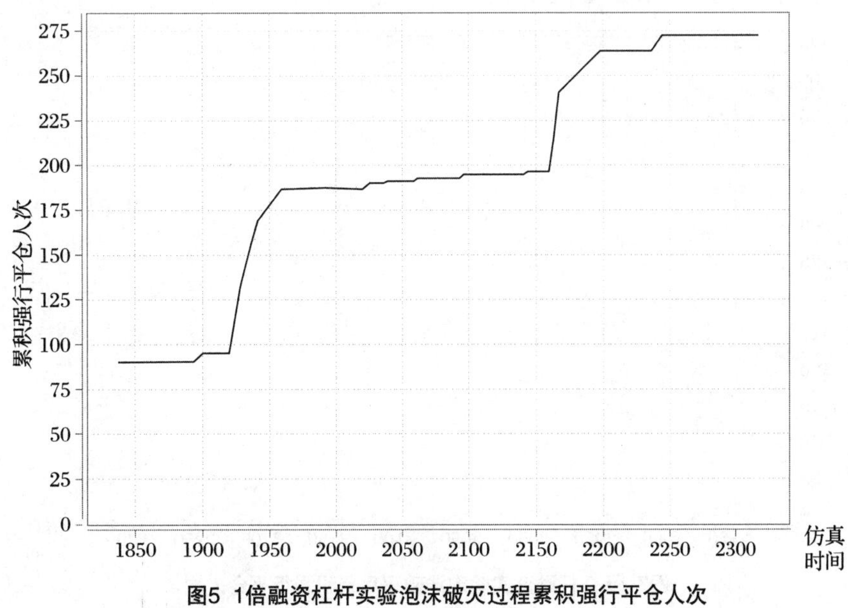

图5 1倍融资杠杆实验泡沫破灭过程累积强行平仓人次

泡沫破灭后，图6显示指数走势震荡但相对平稳，图7显示强行平仓人数缓慢增加但基本稳定。

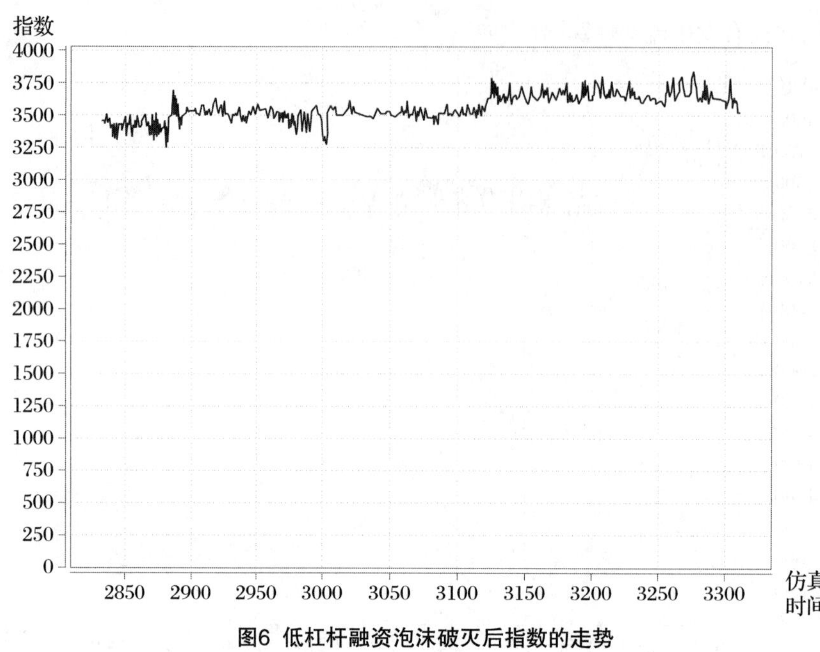

图6 低杠杆融资泡沫破灭后指数的走势

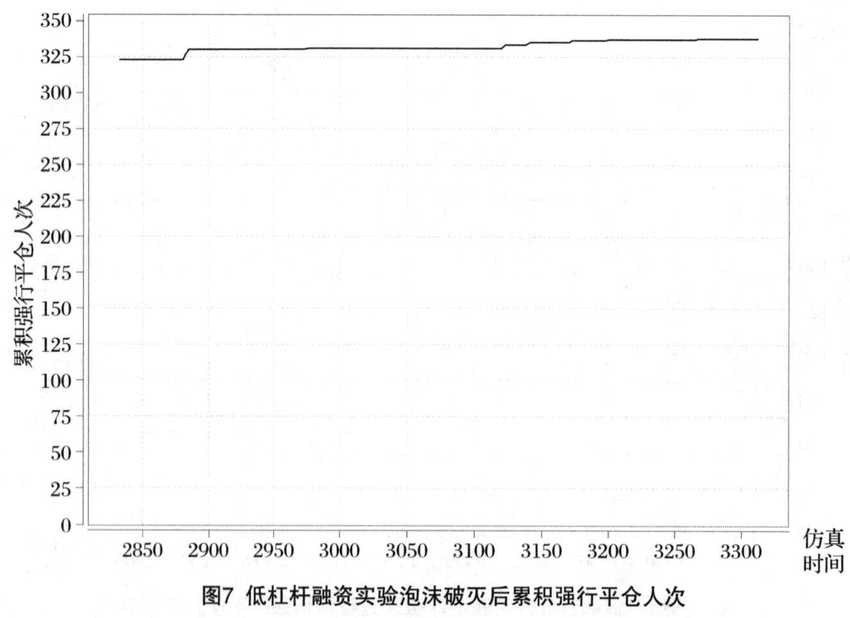

图7 低杠杆融资实验泡沫破灭后累积强行平仓人次

因此，在1倍融资杠杆条件下，在泡沫破灭过程中，强行平仓人数虽然会迅速增加但是占融资总人数的比例较低，没有出现流动性踩踏风险，总体风险可控。

（二）融资杠杆对市场波动、泡沫形成的影响

通过对比无融资杠杆实验室2，可以分析造成市场泡沫和泡沫破灭的根本原因。如图8所示，在没有融资杠杆的实验中，创业板股票同样出现了大的泡沫和崩盘。

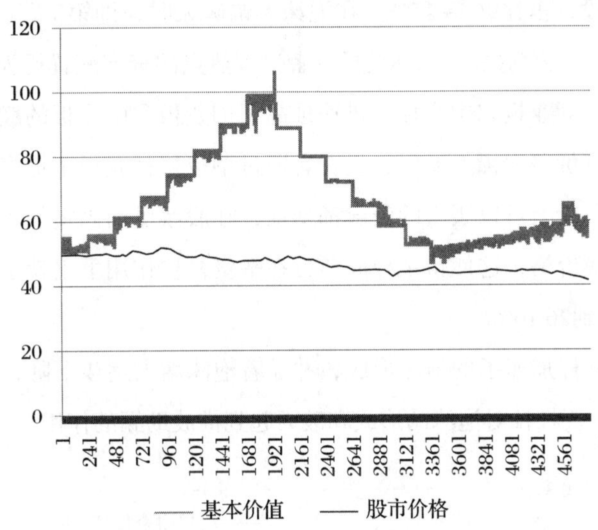

图8 无融资杠杆实验创业板股票的泡沫形成与破灭

为了衡量融资杠杆对泡沫的作用，设计一个泡沫度指标，即以个股市场价格与基本价值的相对偏差（百分比）来衡量泡沫度，相对偏差值越大，泡沫程度越大，说明市场定价效率越差。表1说明，在无融资杠杆实验中，主板基本没有泡沫，但中小板和创业板的股票都有较大的泡沫度。因此可以认为，造成泡沫的根本原因是投资者的非理性行为。

表1 融资杠杆对指数波动（基点）和个股泡沫度（%）的影响

实验	指数波动	主板泡沫	中小板泡沫	创业板泡沫
1倍融资杠杆	219	26.16	28.88	46.54
无融资杠杆	212	0.02	21.09	41.39
低融资门槛	172	25.40	29.58	46.46
2倍融资杠杆	254	28.82	36.48	73.33

（三）融资杠杆对市场泡沫的形成和破灭起到推波助澜的作用

对比无融资杠杆实验，1倍融资杠杆实验中的主板、中小板和创业板股票的泡沫度都变大。在降低融资门槛实验和2倍融资杠杆实验中，泡沫度也同样高于无融资杠杆实验。

进一步计算每个交易日融资买入额占比（占市场总成交额的比例）。从融资买入额占比看，在1倍融资杠杆实验中，如图9（价格线）表明投资者大量融资买入是在泡沫开始形成的时候，即在第三个交易日最高（从481期到720期），约25%。随后在泡沫大幅拉升阶段，占比9%～15%。在泡沫大幅破灭时，即第8天（从1920期到2160期），占比最低，大概为6%。尤其是投资者追逐热点的资产配置行为，使得大量资金涌入盘子比较小的创业板和中小板，迅速推高了创业板和中小板的股价。同时，当创业板和中小板股票价格大幅上升后，投资者通过融资杠杆获得了更多的资金总量，因此使得其在所有个股上可以买入的资金都增加；在股票供给固定的条件下，资金的大幅增加推高了股票价格，这使得主板股票也在融资杠杆作用下出现了较大的泡沫，泡沫度从0.02%增大到26.16%。

因此，融资杠杆加速了的泡沫形成，并随着泡沫增大逐步下降，在泡沫破灭时候大幅下降。所以融资杠杆对泡沫的形成和破灭起到推波助澜的作用。

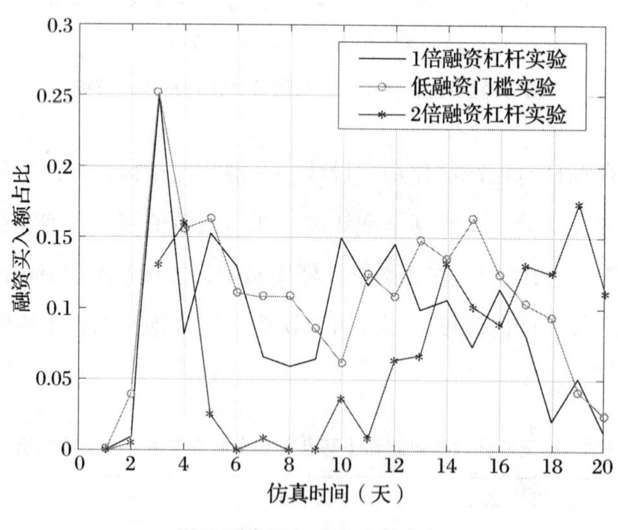

图9 融资买入占比（每天）

（四）低融资杠杆对市场波动没有确定性的影响

从指数、对数收益率的标准差来看，在1倍融资杠杆实验中，指数波动比无杠杆融资实验略微增加，但在降低融资门槛的实验中，指数波动却降低。只有在2倍融资杠杆实验中，指数波动大幅增加。因此虽然融资杠杆对泡沫的形成和破灭起到推波助澜作用，但是在低融资杠杆条件下，并没有确定性的影响。但高融资杠杆会大幅增加指数波动。

（五）降低融资门槛不会增加风险

进一步分析对比降低融资门槛的风险，与1倍融资杠杆实验作对比分析。首先最重要的是考察是否会导致流动性踩踏风险，所以首要考察指标是对强行平仓人次的影响。图10表明，降低融资门槛，累积强行平仓人次并没有比1倍融资杠杆显著增加，而且增加的幅度略有变缓。因此降低融资门槛并不会增加流动性踩踏风险。

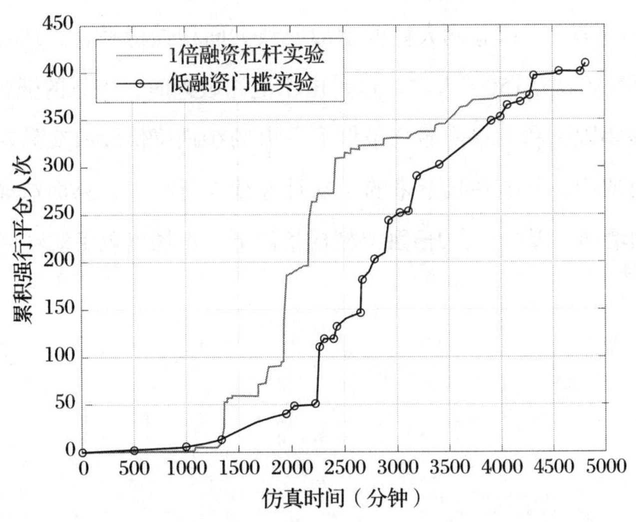

图10 低融资门槛实验累积强行平仓人次与1倍融资杠杆实验对比

此外，从指数波动看，降低融资门槛反而降低指数波动；从泡沫程度看，降低融资门槛后，主板泡沫略微变小，中小板泡沫略微变大，创业板泡沫没有显著变化，因此降低融资门槛对泡沫度没有显著影响。

总的来看，降低融资门槛并没有增加流动性踩踏风险和市场泡沫度，反而降低市场波动。这是因为如前文所述，引发泡沫崩盘等异常波动的根本原因是投资者的非理性行为。但融资门槛仅反映投资者的一定风险承担能力和投资者的非理性行为并没有线性关系，即投资者的财富多一些也不意味着投资者更加理性，财富少一些也不表示投资者更加非理性。融资门槛的降低并没有加大投资者的非理性行为，因而也不会加剧市场的异常波动和引发流动性踩踏。因此从投资者公平的角度和提高市场融资效率的角度看，由于降低融资门槛风险可控，可以考虑降低当前的融资门槛。

（六）提高到2倍融资杠杆会引致流动性踩踏风险

最后分析将融资杠杆提高到2倍对市场的影响。与1倍融资杠杆实验作对比分析。从图11可以看出，2倍融资杠杆实验中，创业板股票泡沫破灭引起大面积强行平仓，个数连续跌停。图12显示指数也出现了连续大幅下跌甚至跌停的现象；从累积强行平仓人数看，在2700期的泡沫破灭个股和指数大幅下跌中，强行平仓大幅增加近450人次，占总融资人数的8.64%，幅度很大。大幅的强行平仓又导致个股全面大跌，在接近2900期指数跌停时强行平仓人次急剧大幅度增加导致大面积强行平仓。从4800期实验过程看，累积强行平仓人次达15000人次，这是由于泡沫破灭时，大量的强行平仓令市场连续跌停，在涨跌幅限制和订单簿撮合条件下，市场在跌停价没有交易对手，因此强行平仓的头寸没有成交，只能在接下来的交易日继续强行平仓，从而造成累积强行平仓人次大规模急剧增加。因此，在2倍融资杠杆条件下，市场出现了流动性踩踏事件。

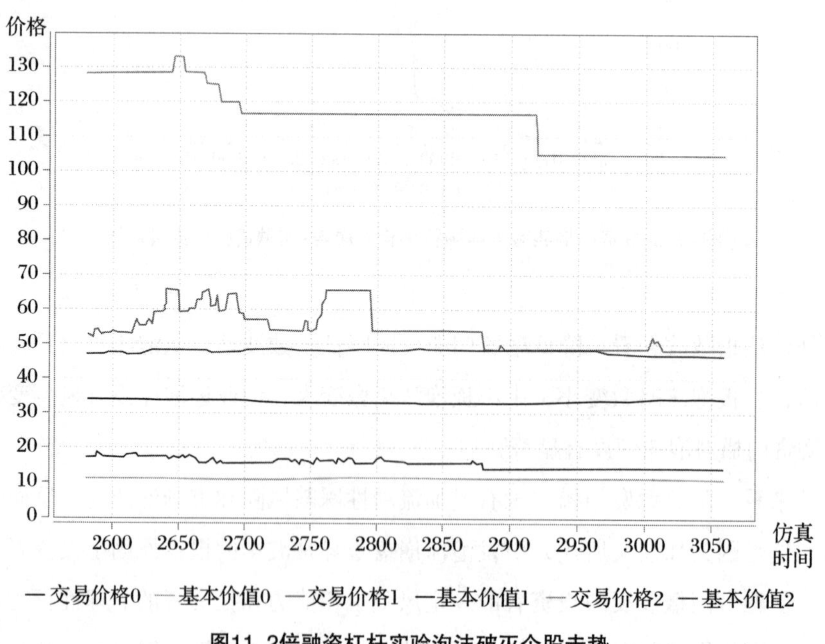

图11 2倍融资杠杆实验泡沫破灭个股走势

此外，从表1的指数波动、泡沫度来看，2倍融资杠杆显著增大了市场波动，并且增加了市场泡沫度。同时从图9的融资买入额看，当泡沫破灭时，融资买入额度基本接近于零，反映出此时没有投资者进行融资买入，市场缺乏交易对手方。

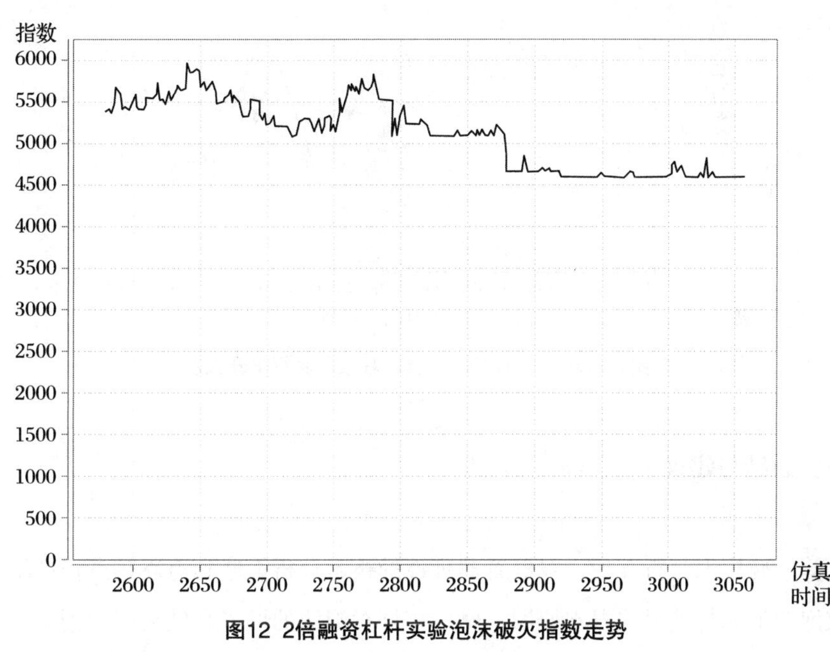

图12 2倍融资杠杆实验泡沫破灭指数走势

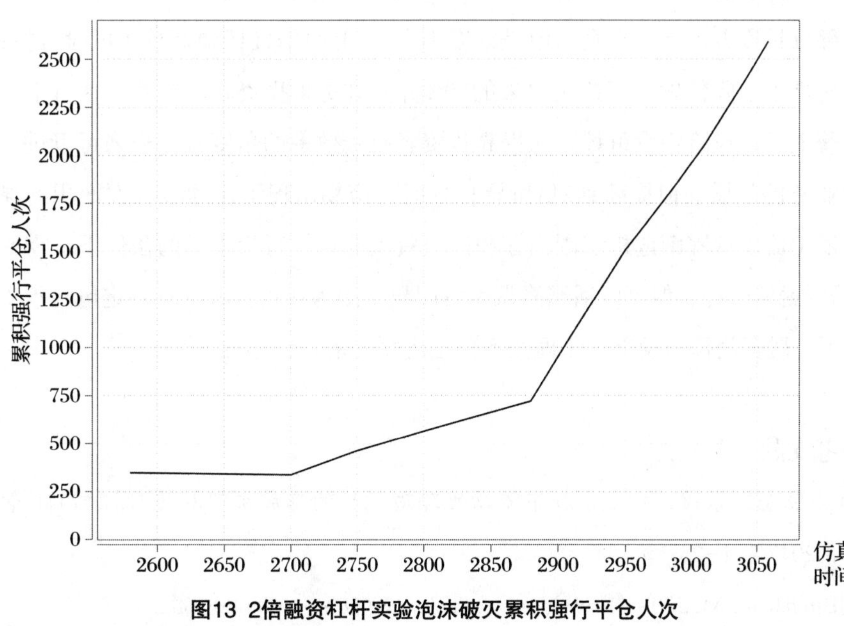

图13 2倍融资杠杆实验泡沫破灭累积强行平仓人次

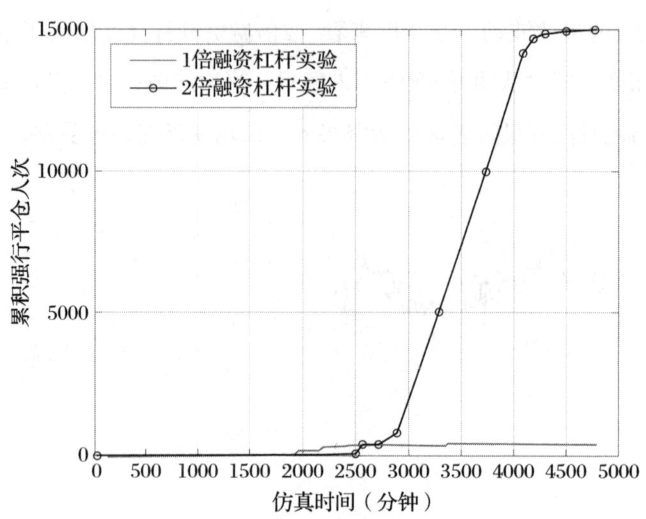

图14 2倍融资杠杆实验全过程累积强行平仓人次

三、总结与建议

计算实验模拟分析发现，投资者非理性的技术分析策略和追逐热点资产配置行为是导致泡沫形成与破灭的根本原因，融资杠杆对泡沫的形成和破灭都起到重要的推波助澜作用，高融资杠杆引致了流动性踩踏危机。在1倍融资杠杆条件下，在泡沫破灭时出现小部分投资者被强行平仓，但是幅度不大，因此1倍杠杆融资总体风险可控；在1倍杠杆条件下，降低融资门槛至原来的50%并允许更多投资者融资时，强行平仓人数没有显著上升，风险仍然可控，从提高投资者投资效率的角度看，未来可以进一步放宽融资业务的门槛。但提高到2倍融资杠杆时，市场出现了连续多日大面积的强行平仓，会发生流动性踩踏危机。因而在我国投资者非理性行为主导的条件下，需要长期保持1倍低融资杠杆，但可以适当降低融资门槛，因为在投资者具有一定风险承受能力的条件下，融资门槛与投资者非理性不存在线性关系。

参考文献

[1] 韦立坚，张维，熊熊．股市流动性踩踏危机的形成机理与应对机制 [J]. 管理科学学报，2017(3):1–23.

[2]Buchanan, M. 2009. “Meltdown modelling.” *Nature* 460:680–682.

[3]Farmer, D. and Foley, D. 2009. “The economy needs agent–based modelling.” *Nature* 460:685–686.

[4]Battiston, S., Farmer, D. J. and Flache A., et al. 2016. “Complexity theory and financial regulation.” *Science* 35(6725):818–819.